Ihr Katzen Buch

von Tierschutzvereinen empfohlen

Möchten Sie wissen,

wie Sie Ihre Katze glücklich machen?

Was Sie unbedingt benötigen, damit Ihre Tiere sicher sind?

Wieso Sie Ihre Einrichtung optimieren müssen?

Dann lesen Sie einfach dieses Nachschlagewerk, mit den WICHTIGSTEN Checklisten für die Katz…

 - alle Gewinne aus dem Buchverkauf gehen an den Tierschutzverein APAFFI - www.Katzen-Hilfe24.de

Dieses Buch ist meiner Mutter, Megi, Oliver und den Katzen gewidmet. Die alle dazu maßgeblich beigetragen haben, dass es entstanden ist. Schön das es Euch gibt….

*Da die Aktualisierung von **Links** in Büchern naturgemäß problematisch ist, haben wir die Links für Informationen und Quellenhinweise auf unserer Webseite eingestellt, siehe:

www.k-h24.de/link

Gendergerecht
Aus Gründen der leichteren Lesbarkeit wird in dem vorliegenden Buch die gewohnte männliche Sprachform bei personenbezogenen Substantiven und Pronomen verwendet. Dies impliziert jedoch keine Benachteiligung des weiblichen Geschlechts, sondern soll im Sinne der sprachlichen Vereinfachung als geschlechtsneutral zu verstehen sein.

KompaktBuch © einfach, verständlich und mit weiterführenden Links... **Alle Gewinne gehen an den Tierschutzverein APAFFI - www.Katzen-Hilfe24.de**

Inhaltsverzeichnis

1. Einleitung

Sie kennen bestimmt den Spruch: „Hunde haben Besitzer, Katzen haben Personal."

Und das stimmt auch. Deshalb sollte sich jeder Katzenfreund, der schon eine Katze hat oder kurz davor ist, sich eine zuzulegen, den Fragen und Antworten in diesem Buch stellen. Sie werden sicher noch das eine oder andere interessante Detail über Ihren Stubentiger lernen – und idealerweise helfen Ihnen die Informationen in diesem Buch dabei, Ihrer Katze oder Ihren Katzen ein schöneres, artgerechteres Leben zu ermöglichen und noch mehr Freude mit ihnen zu erleben.

Leider hängen die Lebensfreude einer Katze und der Wert ihres Lebens sehr davon ab, wo und wie sie das Licht der Welt erblickt: Auf Teneriffa werden ungewollte Katzen einfach am Müll entsorgt und haben, wenn sie das überleben, eine harte und karge Zeit auf der Straße vor sich. Vor diesem Schicksal hat der Tierschutzverein APAFFI viele Samtpfoten schon bewahren können und hat hunderte von Katzen aufgenommen oder sie an liebevolle Halter vermittelt. Derzeit wohnen über 130 ausgesetzte Hauskatzen im katzengerechten Haus mit großer, sonniger Außenfläche, die noch weiter ausgebaut werden soll, sie werden gepflegt, gefüttert und tierärztlich versorgt.

Dieses Buch ist in Zusammenarbeit mit dem eingetragenen Tierschutzverein APAFFI www.katzen-hilfe24.de entstanden und der Gewinn aus dem Verkauf des Buches fließt in die Tierschutzarbeit des Vereins.

Katzen-Hilfe24.de
APAFFI-Tierschutzverein

Möchten Sie den Tieren kostenlos helfen? Durch Ihren nächsten Einkauf auf Amazon? Dann geben Sie bitte Ihre E-Mail-Adresse auf der Webseite www.hilf24.de an.

Vom Tierschutzverein HILF24.de empfohlen

Falls sie selber ein Haustier besitzen oder eins haben möchten und wollen, dass es Ihrem Liebling langfristig gut geht, dann sollten Sie unbedingt vorsorgen…

Die äusserst wichtigen Information zu diesem Thema, finden Sie am Ende des Buches.

2.0. Katze ist nicht gleich Katze

Siamkatze

Maine Coon

Perserkatze

Vier Samtpfoten, zwei spitze Ohren und Schnurrhaare – das ist eine Katze? Nun, wenn man es ganz oberflächlich betrachtet, sind Katzen natürlich gar nicht so unterschiedlich. Im Detail gibt es aber doch sehr große Unterschiede. Wenn Sie sich eine Katze zulegen möchten oder bereits eine Katze haben und sie besser verstehen möchten, dann können diese Unterschiede sehr interessant sein. Deshalb beginnen wir mit der Frage: Welche Katzenrassen gibt es – und welche davon passt mit ihren Eigenschaften, ihrem Charakter und ihren Ansprüchen am besten zu mir?

2.1. Welche Katzenrassen gibt es?

Europäische Kurzhaarkatze

Wilde Mischungen

Biologisch gesehen zählt die Miezekatze, die bei uns zu Hause auf der Fensterbank schnurrt, zu den Kleinkatzen.

Diese wiederum zählen, zusammen mit Großkatzen und Geparden, zu den echten Katzen. So stammt die Hauskatze von einer großen Familie von Raubtieren ab. Bei knapp 50 anerkannten Rassen, inklusive Mischrassen, sogar über 100 verschiedenen Züchtungen ist Katze dabei nicht gleich Katze.

Ein typisches Unterscheidungsmerkmal für Katzenrassen ist die Fell-Länge: Man kennt Kurzhaar-, Halblanghaar- und Langhaarkatzen sowie Nacktkatzen. Aber auch die Fellfarbe, der Körperbau und das Verhalten der einzelnen Rassen können erhebliche Unterschiede aufweisen. Nehmen wir zum Beispiel die Europäische Kurzhaarkatze, die auf Züchtungen aus dem alten Rom zurückgeht. Mit ihrem häufig getigerten Fell sieht sie eigentlich genau so aus, wie die meisten Menschen sich eine Katze vorstellen. Dann gibt es aber auch wieder die imposante, bärtige Maine Coon, die fast so groß werden kann wie ein mittelgroßer Hund. Perser- und Siamkatzen wiederum haben ganz andere Eigenarten: Die Perserkatze ist für ihr flauschiges, langes Fell bekannt, die Siamkatze wiederum für ihre spitz zulaufende Kopfform.

Natürlich gibt es nicht nur Rassekatzen – im Alltag begegnen uns viel häufiger auch wilde Mischungen, die über Generationen in den Straßen und Gärten der Nachbarschaft entstanden sind. Auch hier hat jede Katze oft ihre eigene „Persönlichkeit“.

2.2. Welcher Katzentyp passt zu mir?

Die Frage ist hier nicht nur, welche Katze Ihnen besonders sympathisch ist. Sie muss auch zu Ihren Lebensumständen passen, denn nicht jede Katze fühlt sich in jedem Zuhause gleichermaßen wohl: Gibt es viel oder wenig Auslauf? Gibt es Kinder oder andere Tiere im Haushalt? Sind Sie viel zu Hause oder viel unterwegs? Je nach Situation sind andere Katzen mit ihren typischen Eigenschaften der ideale Mitbewohner für Sie. Denn, vor allem in den Bereichen Aggressivität, Sensibilität, Spieltrieb, Nähe zum Menschen und natürlich Bewegungsfreude, gibt es zum Teil erhebliche Unterschiede!

Katzen, die viel Bewegung lieben, sind ideal für aktive Katzenbesitzer oder für solche, die große Auslaufmöglichkeiten anbieten können. Vor allem Bengalkatzen und auch Europäische Kurzhaarkatzen sind mit einer kleinen Wohnung ohne Garten eher unzufrieden, da sie gerne rennen und toben. Mit weniger Bewegung zufriedene Katzen eignen sich wiederum gut für die Wohnungshaltung: Sie mögen es ohnehin nicht besonders, draußen unterwegs zu sein. Dazu zählen Perserkatzen, Britisch Kurzhaar und auch die Maine Coon.

Das Thema Aggressivität ist wichtig, wenn kleine Kinder oder andere Haustiere im Haushalt vorhanden sind. Denn aggressivere Katzenrassen können auch mal kratzen oder beißen, wenn ihr Jagdinstinkt nicht durch Spielen ausgelastet ist. Besonders sticht hier die, allerdings nicht so weit verbreitete, alte Katzenrasse Türkische Van hervor. Aber auch die Bengalkatze und die Angorakatze zeigen manchmal gerne ihr Raubtier-Erbe. Und auch die gemeine Hauskatze, also ungezüchtete Straßen- und Hofkatze, kann unter Umständen etwas kampflustig sein.

Als besonders gutmütig und freundlich gelten wiederum die Britisch Kurzhaar, die Maine Coon, die sich vor allem mit anderen Katzen gut verträgt, und die Europäische Kurzhaarkatze.

Allgemein sind Katzen oft etwas schreckhaft, was in ihrem natürlichen Erbe als kleine Raubtiere liegt. Dabei gibt es aber auch Unterschiede zwischen den Rassen. Katzen mit eher sensiblem oder ängstlichem Naturell bevorzugen ruhige Haushalte, in denen es nicht so laut und hektisch zugeht. Sie mögen ruhige Abende auf der Couch mehr, als viel Besuch und brauchen unbedingt einen ungestörten Rückzugsort. Dazu zählen etwa Bengalkatzen und die typischen Hauskatzen. Deutlich weniger ängstlich sind etwa die Britisch Kurzhaar, die Perserkatze und die Norwegische Waldkatze.

Der Spieltrieb einer Katze ist nicht zu unterschätzen! Aber auch hier gibt es Unterschiede zwischen den Rassen. Einige Katzen brauchen immer Angebote zum Spielen und zur Unterhaltung, da sie ansonsten psychische Probleme entwickeln können. Sehr verspielt sind etwa Siamkatzen, Bengalkatzen und Angorakatzen. Etwas spielfauler sind hingegen die Perserkatze, die Britisch Kurzhaar und die Ragdoll, eine Züchtung aus den USA.

Nicht zuletzt benötigen Katzen unterschiedlich viel Nähe zum Menschen und Schmuseeinheiten: Vor allem die Maine Coon, Perserkatze, Angorakatze, Siamkatze, Bengalkatze, Balinesen, Britisch Kurzhaar und Ragdoll sind „ihrem Menschen“ gerne nah. Tatsächlich brauchen allerdings die meisten Katzen sowohl Nähe als auch Freiraum, um glücklich zu sein.

2.3. Welche Katzen sind für die Wohnung geeignet?

Gerade in Städten halten viele Menschen ihre Katze nur in der Wohnung. Das ist oft tatsächlich sicherer für die Katze: Direkt vor der Tür drohen Gefahren, wie die Straße, Giftköder und vieles mehr. Vor allem bei teuren Rassekatzen droht zudem noch, dass sie gestohlen werden könnten.

Dabei eignen sich einige Katzenrassen recht gut für die Wohnungshaltung – andere Katzen sind nicht so gut für die Wohnung geeignet, weil sie viel Auslauf brauchen und sich in großen Revieren wohlfühlen.

Vor allem Perserkatzen, Balinesen, Birma-Katzen, Maine Coon, Norwegische Waldkatze und Ragdoll sind eher Couch-Potatoes, die lieber zu Hause bleiben, als draußen herumzustreunen. Dabei sollte die Wohnung natürlich groß genug sein und ein ausreichendes Angebot bieten – dazu kommen wir später noch. Vor allem Bengalkatzen, aber auch einige ungezüchtete Hauskatzen, brauchen große Gebiete zum Erkunden – solche Katzen sind gerne auch mal den ganzen Tag lang unterwegs und nicht so gut für Stadtwohnungen geeignet.

2.4. Eine Katze oder einen Kater wählen?

Das entscheidet tatsächlich vor allem Ihre persönliche Vorliebe. Weibliche Katzen bleiben oft näher am Haus als entdeckungslustige Kater. Dafür sind Kater oft etwas grösser, mit langen Schnurrhaaren. Das Wesen der Katze entscheidet sich aber insgesamt oft weniger anhand ihres Geschlechts als vielmehr anhand ihres persönlichen Charakters. Für die Katze selbst ist es natürlich am besten, wenn sie sie gleich als Zweierteam anschaffen, zum Beispiel eine Katze und einen Kater zusammen – natürlich kastriert. So wird den Katzen, vor allem Wohnungskatzen, weniger langweilig und Sie müssen sich nicht entscheiden.

3.0. Katzen, damals und heute

Irgendwann vor etwa 5.000 bis 10.000 Jahren, ganz genau weiß es niemand, kam die Katze zum Menschen. Wie und warum – auch das wissen wir nicht genau. Aber schon vor fast 2.000 Jahren wusste der römische Autor Ovid zu berichten: „Nachts sind alle Katzen grau“.

Wenn man weiß, woher die Katzen kommen und warum sie bei uns leben, versteht man auch besser, was sie tun und was sie brauchen, um glücklich zu sein. Deshalb schauen wir nun, wie alles begann.

3.1. Seit wann gibt es Katzen und woher kommen sie?

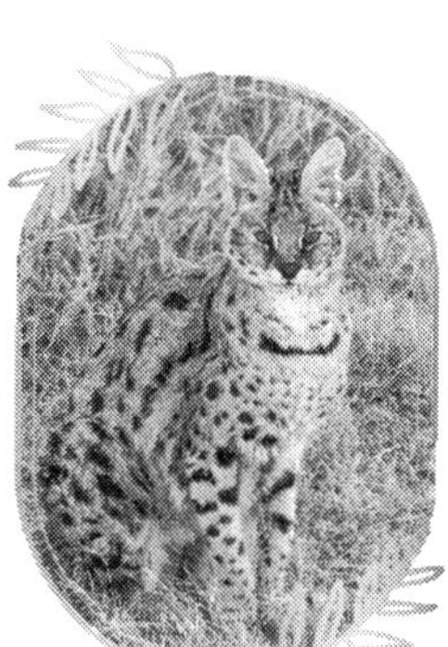

AFRIKANISCHEN WILDKATZE

Wildkatzen gibt es seit Millionen von Jahren – vom Tiger bis zum Luchs. Genetische Analysen haben ergeben, dass alle heutigen Katzenarten von der Afrikanischen Wildkatze oder Falbkatze abstammen. Diese ist in ganz Nordafrika und im östlichen Mittelmeerraum verbreitet: Ihr Verbreitungsgebiet deckt sich mit den ersten Hochkulturen der Menschheitsgeschichte.

Die wilde Falbkatze ähnelt in ihrer Größe auch heute noch stark den bekannten Hauskatzen und ist weniger aggressiv als andere Katzenarten – sicher wäre auch der Tiger oder der Löwe ein hilfreicher Mitbewohner, solche Katzen sind aber zugleich auch sehr viel gefährlicher zu halten. Diese Eigenschaften, ihr Verbreitungsgebiet und ihre Eigenart, die Nahrungsvorräte der Menschen vor Nagern zu schützen, haben Katzen und Menschen wohl früh zueinander geführt.

Auch heutige Katzen tragen noch das Erbe der Halbwüsten- und Steppenkatzen in sich, von denen sie abstammen. Das ist vor allem bei der Ernährung zu beachten – dazu kommen wir später.

3.2. Wie sind Katzen Haustiere geworden?

Knochenanalysen uralter Skelettfunde haben Wissenschaftlern erst vor einigen Jahren ein besseres Verständnis davon gegeben, wann Katzen und Menschen erstmals nicht nur nebeneinander, sondern miteinander gelebt haben www.k-h24.de/link Und das sah anscheinend etwa so aus: Als die Menschen mit der Landwirtschaft begannen und anfingen, Kornvorräte anzulegen, wurden ihre Siedlungen und Kornlager für allerhand kleine Nagetiere, wie Mäuse, interessant.

Das wiederum zog Wildkatzen an – vor allem die afrikanische Falbkatze, die in Mesopotamien und vom Mittelmeer bis zum Persischen Golf rund um die frühen Zivilisationen des Menschen verbreitet war.

Den Menschen kam es natürlich gelegen, dass die Katzen sich so ambitioniert um das Nagerproblem kümmern.

Wie sich in über 5.000 Jahre alten Funden nachweisen ließ, wurden alte Katzen, die nicht mehr jagen konnten, offenbar mit Hirse gefüttert. Aus dieser Dankbarkeit wurde schnell Liebe und schon im alten Ägypten begann man mit ersten Versuchen, Katzen mit bestimmten Merkmalen als Haustiere zu züchten.

Dort wurde die sehr gebärfreudige Katze auch als Fruchtbarkeitssymbol verehrt – war aber auch immer noch vor allem rund um die Kornkammern im Einsatz. Die alten Griechen und Römer überließen diesen Job übrigens in der Regel eher Frettchen, bevor die ersten Katzen von Ägypten, damals noch illegal aus dem Land geschmuggelt, ihren Weg nach Griechenland und von dort im vierten Jahrhundert auch an den Tiber fanden. Nach und nach eroberten die Katzen dann Europa und spätestens im Spätmittelalter waren sie weit verbreitet. Auch Leonardo da Vinci konnte sich für die Stubentiger begeistern: „Schon die kleinste Katze ist ein Meisterwerk!", wird der berühmte Italiener zitiert. Ebenso weit verbreitet wie die Katze war aber der Aberglaube, dass Katzen mit Hexerei in Verbindung stünden.

Bis ins 18. Jahrhundert war die Katze vor allen Dingen ein nützlicher Mitbewohner und Mitarbeiter der Kornkammern, Mühlen und natürlich auch Wohnhäusern um vor Mäuseplagen zu schützen und sich ansonsten im Wesentlichen um sich selbst kümmert. Erst ab dann sah man sie auch als Haustier und ab ca. 1900 widmeten sich gezielte Zuchtversuche auch speziell dem Aussehen von Katzen. Dabei hat man einerseits versucht, antike Rassen wiederherzustellen, und andererseits auch, bestimmte Merkmale, wie die Haarlänge, zu beeinflussen. Gleichzeitig sind Katzen in vielen Regionen der Welt auch wieder verwildert, in denen sie ursprünglich gar nicht heimisch waren.

3.3. Wie viele Katzen gibt es?

Heute gibt es Katzen auf der ganzen Welt. Genaue Zahlen sind schwer zu erheben, es gibt aber zahlreiche Schätzungen, wie viele Katzen es gibt: In etwa jedem vierten bis fünften Haushalt in Deutschland lebt eine Katze – in etwa 22 % der Häuser und Wohnungen.

Somit leben etwa 8–13 Millionen Katzen in Deutschland, davon bis zu zwei Millionen als Streuner auf der Straße.

Auf der ganzen Welt leben Schätzungen zufolge etwa 200–500 Millionen Samtpfoten – darunter etwa 100 Millionen Streuner, die sich oft unkastriert und ohne ausreichende medizinische Versorgung selbst auf der Straße durchschlagen müssen.

3.4. Seit wann werden Katzen gechippt?

Seit einigen Jahren können Katzen gechippt werden. Das hat einen großen Vorteil: Wenn die Katze verloren geht, etwa weil sie sich erschreckt und sich dann verläuft, kann sie vom Tierarzt identifiziert und zum Eigentümer zurückgebracht werden. Wer seine Katze in ein anderes EU-Land mitnehmen will, muss sie sogar chippen lassen und einen EU-Heimtierausweis besitzen. Das chippen selbst geht schnell, einfach und beinahe schmerzfrei. Der Chip wird dabei einfach mit einer Kanüle unter der Haut angebracht und hält ein ganzes Katzenleben lang. Es wird keine Narkose benötigt und der Chip braucht auch keine Batterie oder ähnliches. Alternativen zum Chip sind ein Halsband oder ein Tattoo. Als sichtbares Merkmal macht das Tattoo oft Sinn – Halsbänder können aber bei kletterfreudigen Freigängern schnell zur Gefahr werden und sind nicht immer zu empfehlen. Auch reflektierende Halsbänder bieten vor allem theoretischen Schutz: Wenn die Katze plötzlich vor ein Auto rennt, sieht der Fahrer sie meist dennoch zu spät. Eigentlich **überwiegen die Risiken des Halsbands**. Auch leuchtende und bimmelnde Halsbänder sorgen für mehr Stress und Gefahren für die Katze, als dass sie nutzen:

Die Katze lernt sehr wohl, wie sie auch mit Glöckchen um den Hals erfolgreich Vögel jagt und Nester ausräumt.

Eine rührende Geschichte zeigt, wie sinnvoll der Chip sein kann: Der Kater Kimba, der 18 Jahre zuvor seiner Familie in Berlin entlaufen war, konnte so letztendlich zu seinen Menschen zurückgebracht werden – und nach einer langen, entbehrungsreichen Zeit auf den rauen Straßen der Hauptstadt einen glücklichen Lebensabend verbringen. www.k-h24.de/link

4.0. Katzenbabys – alles über die süßen Fellknäuel

Süße kleine Babymiezekatzen gehören zu den niedlichsten Anblicken überhaupt. Kein Wunder, dass viele Menschen am liebsten sofort eine mit nach Hause nehmen möchten. Dabei sollte man aber nicht vergessen: Auch Tierbabys haben besondere Bedürfnisse und können unter falscher Pflege dauerhaft leiden und sogar krank werden. Außerdem sind sie nach einigen Monaten ausgewachsen – wer ein Katzenbaby kauft, hat nicht für immer ein Katzenbaby, sondern eine Katze. Darüber sollte man sich von Anfang an im Klaren sein, denn bereits viel zu viele ausgewachsene, nicht mehr gewollte Katzen suchen verzweifelt ein neues Zuhause.

4.1. Womit kann man Katzenbabys füttern?

Katzen werden winzig geboren und müssen schnell wachsen, außerdem verbrauchen sie viel Energie beim Spielen. Deshalb sind viele Nährstoffe besonders wichtig für eine optimale Entwicklung.

- In den ersten **drei bis vier Wochen** trinken und müssen deshalb auch unbedingt bei der Mutter bleiben.
- Etwa zwischen **6 und 10 Wochen** werden sie **abgestillt** und vertragen ab dann keine Milch mehr – die einzige Ausnahme sind z.B. Bauernhofkatzen, die seit der Stillzeit kontinuierlich Milch zugefüttert bekommen. Auch in dieser Zeit sollten sie, da sie noch gestillt werden, bei ihrer Mutter bleiben.
- Als **Folgefutter** ist Feuchtfutter am besten geeignet, alternativ geht auch aufgeweichtes Trockenfutter. Wichtig ist, dass das Futter ausreichend Feuchtigkeit beinhalten muss. Besonders gut eignet sich spezielles Katzenbaby-Futter ohne Zusatzstoffe und Zucker.

Beim Füttern sollten Sie auch beachten, dass kleine Katzen nur wenig Futter auf einmal fressen, dafür aber immer wieder für einen Snack zum Futternapf gehen. Es sollte also möglichst immer etwas da sein, aber nicht tagelang offen herumstehen. Denn gammliges Essen mögen Katzen nicht. Mit ca. 12 Monaten ist die Katze dann ausgewachsen.

4.2. Katzenbaby´s gefunden was, wie, wann, tun?

Wenn Sie vermeintlich hilflose Katzenbabys in der Stadt oder in der Natur finden, gilt es vor allem, Ruhe zu bewahren. Jede falsche Handlung bringt die armen kleinen Fellknäuel unnötig in Gefahr. Zunächst sollten Sie sich die Situation und die Umgebung genau ansehen:

Wenn die Babys an einer geschützten Stelle sitzen, warten Sie vielleicht auf ihre Mutter, die in der Nähe unterwegs ist. Dann sollten Sie erst einmal nicht eingreifen, sondern aus sicherer Distanz warten:
-Kommt die Mutter wieder?
-Bedrohen Kinder, Hunde oder andere Katzen aus der Umgebung die Sicherheit des Katzennestes?

Handlungsbedarf besteht nur, wenn die Mutter nach mehreren Stunden nicht auftaucht – im Winter sollte man nicht ganz so lange warten, da den empfindlichen Katzenkindern Unterkühlung droht.

Bei Katzenbabys in einem Karton oder wenn etwas anderes darauf hindeutet, dass sie ausgesetzt wurden, ist hingegen ein schnelles Eingreifen sinnvoll. Denn diese Katzen werden nicht von ihrer Mutter versorgt und sind nicht in der Lage, sich selbst zu versorgen – wenn sie sehr jung sind, können sie sich nicht einmal selbst warmhalten.

Sollte die Situation darauf hindeuten, dass Hilfe nötig ist, können Sie die Katzenbabys vorsichtig in einen mit Decken gepolsterten Karton setzen und dann zu einer Auffangstation bringen. Sollte dies nicht möglich sein, können Sie sie auch selbst aufziehen – der Aufwand hierfür ist aber nicht zu unterschätzen, Mehr darüber erfahren Sie im Kapitel „Katzenbabys selber richtig füttern".

www.k-h24.de/link

4.3. Katzenbabys selber richtig füttern?

Mutterlose Katzenbabys mit der Flasche aufzuziehen bedeutet sehr viel Aufwand und Verantwortung, darüber sollte man sich vom ersten Schritt an bewusst sein. Besser ist, wenn möglich, die Aufzucht durch eine „Adoptivmutter" – das kann unter Umständen auch eine Hündin sein. Außerdem sollten Sie eng mit dem lokalen Tierschutzverband oder einem Tierarzt arbeiten, um Fehler zu vermeiden.

Am allerwichtigsten ist wohl die Wärme: Katzenbabys können sich nicht selbst wärmen, sie dürfen aber auch nicht überhitzen. Sie können – sehr vorsichtig – warme Decken, Heizmatten oder Wärmflaschen einsetzen. In der ersten Woche sollte die Raumtemperatur 30°C betragen, danach kann sie jede Woche um 2°C bis auf eine normale Raumtemperatur reduziert werden.

Auch die Ernährung bedeutet viel Aufwand: Die Babys müssen in den ersten zwei Wochen alle zwei Stunden, geschwächte Kätzchen sogar jede Stunde, gefüttert werden, danach erfolgt die Fütterung alle drei bis vier Stunden – auch nachts. Ideal ist Katzenaufzuchtmilch bei einer Temperatur von ca. 37°C, ab der vierten Woche kann Nassfutter zugefüttert werden und nach etwa acht Wochen können Sie die Milch absetzen. Kuhmilch ist grundsätzlich keine besonders gute Wahl für junge Katzen. Wenn keine Katzenaufzuchtmilch verfügbar ist, stellt zum Beispiel Ziegenmilch eine mögliche Alternative dar.

Zum Trinken sollten Sie eine passende Trinkflasche oder Spritze verwenden, bei der sichergestellt ist, dass nur eine sehr geringe Milchmenge abgegeben wird. Sonst können sich die Kätzchen verschlucken. Sollte es Probleme beim Trinken geben, konsultieren Sie bitte einen Tierarzt.

Eine Besonderheit bei Katzenkindern ist, dass sie nicht ohne fremde Hilfe ausscheiden können. Deshalb ist es lebenswichtig, dass Sie in den ersten drei Wochen nach jeder Fütterung den Bauch und Po der Katze mit einem feuchtwarmen Tuch massieren, um die Ausscheidung zu ermöglichen.

4.4. Wo sollte man Katzenbabys kaufen?

Woher Sie Ihre Katze bekommen, sollten Sie sich vorher gut überlegen: Unter den zahlreichen Möglichkeiten verstecken sich auch „Schwarze Schafe", außerdem können die Preisunterschiede erheblich sein.

Bei einem Züchter erhalten Sie zertifizierte Rassekatzen. Das ist natürlich ein großes Geschäft und vielen Züchtern geht es vor allem um das Geld – denn eine einzelne Katze kann hier schnell mehrere hundert Euro kosten.

Viele Menschen kaufen Katzen von privat oder bekommen sie aus dem Bekanntenkreis. Hier sollte man aber gut aufpassen, dass man keine Tierquälerei unterstützt! Alarmsignale sind, wenn Katzen vor der 12. Woche abgegeben werden, wenn sie ungeimpft sind und wenn sie krank oder schlecht ernährt aussehen. Hinter der Vernachlässigung steckt nicht immer böser Wille: Oft sind Katzenhalter einfach überfordert, wenn ihre Katze plötzlich wirft.

Wer eine Katze aus dem **Tierheim** holt, tut immer etwas Gutes: Viele Katzen dort wurden vor traurigen Schicksalen gerettet und hoffen nun auf Liebe und ein behagliches Zuhause. Außerdem sind Tierheimkatzen üblicherweise geimpft und kastriert.

Und die Mitarbeiter können Ihnen oft etwas über die Persönlichkeit der einzelnen Katzen erzählen, bevor Sie Ihre Wahl treffen. Dafür wird in der Regel eine Gebühr erhoben.

Damit soll Ihnen nicht das Geld aus der Tasche gezogen werden – vielmehr schützt diese Gebühr die Katzen vor ungeeigneten Haltern und hilft dem Tierschutz.

4.5. Katzenbabys abgeben – wann und wohin?

Dass Katzen im antiken Ägypten als Fruchtbarkeitssymbol galten, kommt nicht von ungefähr: Wenn man sie lässt, vermehren Katzen sich schnell und zahlreich. Das ist einer der Gründe, warum man weibliche Katzen im Alter von etwa 6 Monaten, vor der ersten Rolligkeit, kastrieren lassen sollte.

Aber was nun tun, wenn die Katze nicht kastriert ist und Nachwuchs ins Haus steht?

Pro Wurf erwarten Katzen im Durchschnitt etwa zwei bis zehn Babys. Diese müssen 12 Wochen lang bei der Mutter bleiben, davon werden sie sechs Wochen lang komplett und danach noch gelegentlich gestillt. Sie lernen in dieser Zeit aber auch ihr Sozialverhalten und alles, was sie brauchen, um eine erfolgreiche Katze zu sein.

Als Halter müssen Sie vor allem vier Dinge beachten:

1. Die winzigen Raubtierchen benötigen besonders **hochwertige Ernährung**, wenn sie ca. nach der 6. Woche nicht mehr ausschließlich gestillt werden.
2. Wenn Sie die Katzenbabys abgeben (nicht vor der 12. Woche!), sollten Sie darauf achten, **in wessen Hände Sie sie geben**. Lieber über Freunde oder über Aushänge in Tierarztpraxen etc. als übers Internet! Wenn Sie die Kätzchen im Tierheim abgeben möchten, müssen Sie mit einer Bearbeitungsgebühr rechnen.
3. Überprüfen Sie auch die **Situation bei den neuen Besitzern**: Wird dem jungen, empfindlichen Kätzchen ein katzengerechtes, gutes Zuhause geboten?
4. Die Katzenbabys benötigen Impfungen für die **Grundimmunisierung**. Besprechen Sie die Details am besten mit Ihrem Tierarzt.

4.6. Was ist gefährlich für Katzenbabys?

Katzenkinder sind im Haushalt und im Garten zahlreichen Gefahren ausgesetzt. Weil sie noch nicht fertig entwickelt sind und ein sehr geringes Körpergewicht haben, können vor allem **Giftstoffe** sich bei ihnen noch stärker auswirken als bei ausgewachsenen Katzen.

Hier möchten wir Ihnen eine Auswahl an Dingen zeigen, die **für kleine Katzen gefährlich** sein können, damit Sie solche Gefahren nach Möglichkeit vermeiden können:

- Offene oder **gekippte Fenster** bergen das Risiko, dass die Katze sich einklemmt oder aus dem Fenster fällt.
- **Herdplatten** können zu Verbrennungen führen.
- Herumstehende **Glasbehälter** können umfallen und splittern.
- Diese Pflanzen sind **für Katzen giftig**: Agaven, Azaleen, Christusdorn, Chrysanthemen, Edelweiß, Efeu, Eisenhut, Ficus Benjamini, Engelstrompeten, Hortensien, Hyazinthen, Krokusse, Kakteen, Lilien/Taglilien, Lorbeeren, Maiglöckchen, Magnolien, Misteln, Narzissen, Tomatenpflanzen, Orchideen, Osterglocken, Passionsblumen, Palmkätzchen, Primeln, Ranunkeln, Stechpalmen, Tulpen, Weihnachtssterne, Yucca
- Würmer, Flöhe und **Parasiten** können den jungen Katzenkörper stark belasten.
- **Stress** führt unter Umständen zu Durchfall.
- Die Ohren junger Katzen sind sehr empfindlich gegen **Zugluft**.
- Neugierige Katzenkinder kommen nicht selbst aus **offenstehenden Toiletten** heraus und können ertrinken, wenn sie hineinfallen.

- **Schokolade ist giftig** für Katzen! Auch Zwiebeln, Knoblauch, Weintrauben, Steinobst und Avocados sind zwar für uns unbedenklich, aber für Katzen sehr ungesund oder sogar toxisch!
- **Ethylenglykol** ist als Frostschutzmittel bekannt, aber auch in Lösungsmitteln, Lacken, Klebstoffen, Reinigungsmitteln, Kühlkompressen und Kühlakkus enthalten und für Katzen giftig!
- Katzen sollten **kein rohes Schweinefleisch** fressen!
- **Teebaumöl** ist toxisch für Katzen
- **Silikat- oder mineralbasiertes Katzenstreu** wird manchmal von unerfahrenen Katzenkindern gefressen und ist ungesund.

Mit zunehmendem Alter lernen Katzen immer besser, was sie tun und lassen sollen und die Neugier nimmt gerade bei alten Katzen etwas ab. Sie sollten aber immer darauf achten, die Gefahren in der Wohnung gering zu halten, um der Katze ein entspanntes, sicheres Leben zu ermöglichen!

5.0. Die Katze und ihre Ernährung

„So schwierig kann das mit der Ernährung für Katzen ja nicht sein, ich kaufe einfach Katzenfutter und gut!“ - Dazu kann man ja und nein sagen. Es stimmt, Katzenfutter ist oft gut auf die Bedürfnisse von Katzen abgestimmt. Als Steppentiere ernähren sie sich aber ganz anders als wir und haben eine ganz andere Verdauung –

viele Menschen füttern ihre Katze nicht artgerecht, denken aber, dass sie ihr etwas Gutes tun.

Veganes Essen ist zum Beispiel überhaupt nicht gut für Katzen, weil sie viele Stoffe benötigen, die nur in tierischem Futter enthalten sind. In der Natur fressen sie, außer Gras, aber das aus anderen Gründen, eigentlich **nur Fleisch**.

Barf wiederum ist vergleichsweise artgerecht – das rohe Fleisch birgt aber auch immer das Risiko einer Parasitenerkrankung.

Anders als Hunde **fressen Katzen in der Natur kein Aas**, sondern nur frisch getötete Tiere. Dementsprechend wählerisch sind sie natürlich beim Geruch des Futters: Während ein Hund einen Kauknochen lieber noch einmal für eine Woche im Garten verbuddelt, um das Aroma intensiver zu machen, mag eine Katze gar nichts, das abgestanden stinkt. Das Futter in der Schüssel muss deshalb auch regelmäßig gewechselt werden.

5.1. Worauf achten beim Katzenfutter?

Grundsätzlich ist spezielles Katzenfutter schon einmal eine gute Idee – sicher besser als die Hirse, mit der Katzen offenbar vor 5.000 Jahren gefüttert wurden. Dabei sollten Sie aber beachten, dass Katzen von Natur aus wenig trinken, da ihre Vorfahren aus wasserarmen Gebieten stammen. Die meiste Flüssigkeit nehmen sie über ihr Futter zu sich. Wer viel Trockenfutter gibt riskiert also, dass die Katze dehydriert oder gar an den Nieren erkrankt, wenn sie dazu nicht ausreichend trinkt.

Bei der Futterzusammensetzung werden Sie sehen, dass die hochwertigeren, etwas teureren Produkte mehr tierische Proteine enthalten, die für Katzen deutlich besser zu verwerten sind. Auch das ist für ein langes, gesundes und glückliches Katzenleben wichtig.

Natürlich sollten Sie darauf achten, was die Katze selber mag. Wenn Sie sich auf das Essen freut und es gleich isst, ist das ein gutes Zeichen.

Wenn Sie eine Katze mit Spezialfutter füttern müssen, zum Beispiel weil sie zuckerkrank ist, achten Sie darauf, dass Sie nur dieses Futter zu sich nimmt.

Auch wenn sie es nicht so mag, wie ihr vertrautes Futter. Bei zwei oder mehreren Katzen ist eine Separierung zur Futterzeit wichtig.

Das wichtigste zum Katzenfutter, kurz und knapp:

- überwiegend **Fleisch** und hochwertige tierische Nebenerzeugnisse
- Bestandteile sind genau **deklariert**
- **keine Getreidebestandteile**, auch kein Soja und Mais
- **Zucker, Zusatzstoffe, Konservierungsstoffe, Farb-** und **Lockstoffe** etc. sind **tabu**
- Wenn Sie nicht wissen, was etwas ist, dann füttern Sie nichts, das es enthält.

5.2. Welcher Katzennapf und Katzenbrunnen sind am besten?

Katzen haben sehr empfindliche Schnurrhaare, die intensiv auf jede Berührung reagieren. Das ist deshalb wichtig zu wissen, weil die Schnurrhaare bei einem zu kleinen oder zu tiefen Napf an den Rand anstoßen und das Fressen für die Katze zur Tortur wird. Deshalb sollten Sie einen flachen **Napf** mit einem **großen Durchmesser** wählen – ein bisschen Rand ist aber ganz gut, damit das Essen nicht von der Schale rutscht.

Das Material sollte **glatt** und **hygienisch** sein und keinen Eigengeruch haben, der der Katze das Essen unappetitlich werden lässt.

Und natürlich **stabil** genug, dass es nicht beim Fressen über den Fußboden poltert – idealerweise mit rutschhemmender Unterseite.

Für die **Wasserschale** gilt: Katzen trinken nicht gern dort, wo sie fressen. Das ist nachvollziehbar, denn neben toten Tieren findet sich nur selten sauberes Wasser, außerdem decken sie ja mit dem Fleisch ihren Flüssigkeitsbedarf und sind beim Fressen selten durstig.

Die Wasserschale kann also ruhig in einer anderen Ecke des Raums oder sogar in einem **anderen Zimmer** stehen. Und natürlich sollte beides, **Fress- und Trinknapf**, an einem ruhigen, **ungestörten Ort** stehen.

Viele Katzen lieben **Trinkbrunnen**: Das plätschernde Wasser ist viel attraktiver als das stehende Wasser im Napf. Wenn Sie viel Trockenfutter geben und die Katze ungern trinkt, kann ein solcher Brunnen die ideale Lösung sein. Er sollte groß und stabil genug sein, dass die Katze ihn auch bei viel Durst nicht umwirft. Und Sie sollten **täglich** das **Wasser wechseln** sowie ihn etwa zwei bis **drei Mal pro Woche reinigen** – das ist zwar etwas mehr Aufwand als ein Trinknapf, aber Ihr Mäusejäger wird es Ihnen danken!

5.3. Wozu ist Katzengras gut?

Katzen knabbern gerne an Grashalmen, das hat fast jeder schon einmal gesehen. Aber warum tun sie das?

Offenbar hilft ihnen das Gras mit seiner fasrigen Struktur, Fellknäuel besser aus dem Magen hervor zu würgen. Diese Fellknäuel kommen vor allem durch die eigene Pflege in den Magen:

Katzen lecken sich mit ihrer leicht rauen Zunge täglich gründlich alle Verunreinigungen aus dem Fell. Vor allem Wohnungskatzen haben gleich ein doppeltes Problem: Sie streifen sich ausgefallene Haare nicht so gründlich ab wie Freigänger, die durch Büsche streifen. Deshalb schlucken sie bei der Fellpflege mehr davon. Zugleich haben sie aber auch keine weiten Wiesen mit leckeren Grashalmen zur Verfügung.

Als Lösung können Sie Ihrer Katze spezielles Katzengras anbieten: Das sind häufig entweder Zimmerbambus, Weizenkeimgras oder Zyperngras. Die Gräser wachsen auch in der Wohnung an einem hellen und warmen Standort, allerdings nicht in der vollen Sonne, und sie benötigen ausreichend Wasser, da sie sonst ihre attraktive grüne Farbe verlieren. Abgeknabberte Schalen wachsen schnell wieder nach – dazu müssen sie aber für ein paar Tage vor der Katze versteckt werden.

Zusätzlich können Sie Ihre Katze unterstützen, indem Sie sie regelmäßig bürsten und so lose Haare entfernen.

5.4. Wie kann man Katzen Tabletten geben?

Es gibt so Dinge, die finden Katzen gar nicht toll. Tabletten gehören dazu: Sie riechen komisch, sehen nicht aus wie Essen. Und die Katze weiß ja auch nicht, wozu das gut sein soll. Aber die Tablette zu schlucken, das geht dem Stubentiger gegen jeden Instinkt.

Trotzdem bleibt uns manchmal keine andere Wahl. Dann hilft es, trickreich zu sein. Das fängt schon bei unserem ganzen Verhalten an – die Katze merkt schnell, wenn irgendetwas nicht normal ist, und wird dann skeptisch. Also cool bleiben und so tun, als wenn nichts wäre!

Das ist aber nur der erste Schritt. Danach sind zwei Varianten besonders beliebt: Entweder Sie **verstecken** die Tablette oder Sie **überraschen** die Katze.

Sie können die Tablette zum Beispiel in sehr leckerem Essen verstecken, das den Geruch überdeckt und ohne viel Nachdenken schnell heruntergeschlungen wird. Manche Tabletten (das sollten Sie mit dem Tierarzt besprechen) dürfen auch zerdrückt und als Pulver ins Nassfutter gemixt werden. Kleine Tabletten lassen sich auch gut im Leckerli verstecken.

Bei der Überraschungstaktik ist besonders wichtig, dass Sie keine Gewalt anwenden. Stoppen Sie die Überraschungstaktik im Zweifelsfall lieber und streicheln und beruhigen Sie die Katze, wenn sie sehr ängstlich wird. Das letzte, das Sie wollen ist, dass die Katze noch mehr Angst vor Tabletten bekommt! Zumal das ein traumatisches Erlebnis sein kann, wenn die Katze sich dabei unsicher und verängstigt fühlt. Beliebte, gewaltfreie Tricks sind etwa:

- Die Tablette mit Butter auf die Nase der Katze kleben und hoffen, dass sie das alles vor Schreck ableckt
- Den Kopf der Katze vorsichtig von oben greifen, damit der Mund sich öffnet, dann Tablette in den Rachen werfen (vorsichtig!) und die Kehle kraulen, um einen Schluckreflex auszulösen. Etwa wie in diesem Video: www.k-h24.de/link

Außerdem können Sie beim Tierarzt eine Hilfsspritze erhalten, die das Geben von Medikamenten leichter macht. Auf keinen Fall sollten Sie einen hilflosen Moment, zum Beispiel wenn die Katze auf Klo ist, ausnutzen: Das beschädigt dauerhaft das Vertrauen, das die Katze in Sie und ihr Umfeld hat.

5.5. Alles über Katzenklo und Katzenstreu

Ein Grund dafür, dass Katzen so beliebte Wohnungstiere sind, ist ihre **Reinlichkeit**: Wenn man sie daran gewöhnt hat, benutzen Sie die **Katzentoilette** für Ihre Geschäfte und bevorzugen es, wenn diese **sauber** ist und nicht stinkt.

Das Vergraben von Kot ist dabei ein uralter Instinkt, der weniger der Hygiene dient als vielmehr dem Verwischen von Spuren. Damit Wohnungskatzen diesen Instinkt ausleben können, wurde in den 1940er Jahren das Katzenstreu erfunden und ist seitdem aus keinem Katzenhaushalt mehr wegzudenken. Aber was sollen Sie beim Katzenklo beachten, damit die Katze es annimmt und damit glücklich ist?

Zunächst sollte es, das können wir nachvollziehen, in einer ruhigen, jederzeit zugänglichen Ecke stehen und natürlich nicht direkt neben dem Fressnapf. Selbstverständlich sollte die Katzentoilette auch groß genug für die Katze sein. Und auch wenn wir einen Deckel praktisch finden, Katzen sind da keine großen Fans von. Pro Katze benötigen Sie übrigens ein Katzenklo.

Dann sollte das Katzenklo regelmäßig gereinigt werden. Wenn es stinkt, mögen Katzen es nicht und benutzen es nicht gern. Zur Reinigung sollten täglich die Klumpen entfernt werden, außerdem sollten Sie regelmäßig das Streu wechseln und das Katzenklo auch regelmäßig gründlich in der Dusche oder Badewanne auswaschen. Welches Streu Ihrer Katze am liebsten ist, weiß Ihre Katze selbst am besten.

Sie haben beim Kaufen von Katzenstreu die Auswahl zwischen verschiedenen Arten:

- **Silikatstreu**: Die feinporigen Kieselgel-Kügelchen saugen Flüssigkeit auf und lassen sie wieder verdunsten, so muss das Streu nicht so oft gewechselt werden. Da Katzen es nicht essen dürfen, eignet es sich allerdings nicht so gut für neugierige Jungkatzen, außerdem mag nicht jede Katze das Gefühl und Geräusch beim Verscharren.
- **Mineralisches Streu** ist die klassische Variante, meist wird Ton verwendet. Katzen mögen das Gefühl, aber nicht so sehr den entstehenden Staub – achten Sie also auf staubarme Produkte. Eine Besonderheit unter den mineralischen Katzenstreus ist das Klumpstreu, das häufig aus Betonit-Ton besteht. Dieses verklumpt bei Kontakt mit Feuchtigkeit, wie Urin, und Sie können „verbrauchtes" Streu einfach mit einer speziellen Schaufel aussieben. So sparen Sie sich häufiges Wechseln.
- **Natürliches Katzenstreu** besteht aus Pflanzenfasern, etwa Holz. Es staubt häufig deutlich weniger als Betonit- oder Tonstreu und es ist, anders als Silikatstreu, ungiftig – wenn keine Leimbestandteile enthalten sind. Es gibt auch hier die praktischen klumpenden Varianten im Handel.

5.6. Wenn die Katze „unsauber" ist

Benutzt die Katze ihre Katzentoilette nicht so, wie sie soll, kann das verschiedene Gründe haben – darunter auch gesundheitliche und körperliche Probleme. Konsultieren Sie deshalb im Zweifelsfall immer Ihren Tierarzt.

Typische Ursachen können sein:

- Zu wenige Katzenklos (weniger als eins pro Katze)
- Ungeeignete Aufstellorte (unruhiger Raum, mehrere in einem Raum, etc.)
- Ungeeignete Bauweise (z.B. mit Haube, Treppe oder Selbstreinigungsfunktion) oder zu klein (im Diagonalmaß sollte die Toilette doppelt so lang sein wie die Katze ohne Schwanz)
- Unangenehme Konsistenz des Streus
- Zu hoher oder unkomfortabler Einstieg
- Unangenehme Duftstoffe
- Zu viel oder zu wenig Einstreutiefe
- Ungenügende Reinigung / schlechter Geruch
- Ungeeigneter Reiniger verwendet
- Probleme / Konflikte mit anderen Katzen im Haushalt
- Duftstoffe oder Duftzusätze im Katzenstreu (Frühlings- oder Lavendelduft finden wir angenehm, die Katze riecht es aber 14 mal stärker und kann sich dann nicht mehr entspannen)
- Ungeeigneter Reiniger für Urinmarkierungen (Restgeruch animiert immer wieder zum Markieren.
- Gute Reiniger sind: Zeolith, Enzymreiniger, Alkohol, Reinigungsalkohol, Wodka und Essig.

6.0. Die Katze pflegen und beschäftigen

Was eine Katze braucht, um glücklich zu sein, ist von Katze zu Katze verschieden. Je nach Rasse lieben sie es, den ganzen Tag in einem Ausguck zu sitzen und zu beobachten – oder sie können, wie die Bengalkatze, sogar lernen, Spielzeuge zu apportieren. Auch die Ansprüche an die Fellpflege sind, je nach Länge und Beschaffenheit des Fells, unterschiedlich.

Ein paar der wichtigsten Fragen rund um Pflege und Beschäftigung für Katzen möchten wir hier dennoch beantworten, denn einiges ist bei allen Katzen sehr ähnlich.

6.1. Welcher Kratzbaum ist am besten?

Ein **Kratzbaum** ist ein **unverzichtbares Möbelstück** in jedem Katzenhaushalt, denn Stubentiger brauchen etwas, um ihre Kratzlust auszuleben. Dabei stehen Ihnen verschiedene Typen zur Auswahl, etwa aus Vollholz oder aus Papprohr mit Sisalumwickelung. Bei beiden Arten gibt es Produkte guter und schlechter Qualität – es kommt vor allem auf **Stabilität** und Verarbeitung an.

Als Befestigungsoptionen können Sie zwischen freistehend, Wandbefestigung und Deckenbefestigung wählen. Neben den baulichen Gegebenheiten im Raum sollten Sie vor allem darauf achten, dass die Katze den Kratzbaum auch bei schwungvollen Sprüngen nicht umwirft.

Außerdem können Sie zwischen verschiedenem Zubehör am Kratzbaum wählen, der zugleich auch ein Spiel- und Kletterturm sein kann. Ein Katzenhaus als sicherer Unterschlupf mit Aussicht ist ein Favorit bei vielen Samtpfoten. Auch Ausgucke, entweder als glatte Bretter oder weiche Hängematten, werten jeden Kratzbaum mächtig auf. Und wenn dann noch Spielzeug daran baumelt, ist fast jede Katze happy!

Eine gute Ergänzung ist ein **Kratzschutz für Ihre Möbel**, damit die Katze lernt, wo sie kratzen soll. Denn sie kratzt nicht nur der Krallen wegen, sondern auch für Duftmarkierungen – so entstehen beliebte, strategisch positionierte Kratz-Hotspots in der Wohnung. Versuchen Sie einfach, diese Stellen mit etwas weniger Interessantem zu überdecken – oder sie mit einem leichten Zitrusduft oder Alufolie unattraktiv zu machen.

Übrigens markieren Katzen nicht nur mit Duftmarkierungen aus ihren Pfoten, sondern auch mit Urin. Was tun, wenn Sie solche Markierungen in Ihrer Wohnung bemerken?

Zur **Entfernung von Katzenurin** gibt es sowohl spezielle Reinigungsmittel als auch Haushaltsmittel, wie Backpulver oder Feinwaschmittel.

Gegen den Geruch können Sie nach der Reinigung mit Essig oder, noch besser, Reinigungsalkohol vorgehen.

6.2. Wieso lieben Katzen Kartons?

Ein so verbreitetes wie seltsames Phänomen: Wenn eine Katze einen Karton sieht, so klein er auch sein mag, fühlt sie sich magisch angezogen und muss sich da unbedingt irgendwie reinzwängen. Aber warum?

Dafür gibt es einen ganz einfachen Grund: Es entspannt die Katze und senkt ihr Stresslevel. Denn in einem enganliegenden Karton fühlt sie sich rundherum sicher. Und noch dazu wohlig warm: Mit einer Körpertemperatur von ca. 39°C finden Katzen unsere etwa 22°C warmen Wohnräume etwas zu kühl.

Aber nicht nur Kartons machen Miezekatzen Spaß: Auch Laptoptaschen und eigentlich alles, was eng oder warm ist, finden sie super. So entstehen auch die Videos von Katzen in Glasvasen und anderen fast unmöglichen Behältern, die man im Internet findet.

So lange die Katze da selbst wieder herausfindet, ist das eigentlich ungefährlich. Wenn Sie Ihrer Katze einen Karton anbieten möchten, sollten Sie aber zuvor alles gründlich entfernen, woran sie sich verletzen könnte: Klammern, Schnüre, alles was irgendwie spitz ist. Und wählen Sie lieber unbehandelte Kartons als solche mit Hochglanzoberfläche, weil manche Katzen auch gerne daran knabbern.

6.3. Wo kommt die Katzenklappe hin?

Freigängerkatzen können manchmal ganz schön nerven. Sie meinen das nicht böse, aber sie sind einfach so: Erst betteln sie, dass sie in den Garten wollen. Nach einer Minute finden sie es dort aber doof und stehen mit wehleidigem Blick wieder vor der Terrassentür. Kaum fünf Minuten im Haus, lockt sie irgendetwas wieder nach draußen. Wenn man nicht eigens einen Pförtner für die Katze anstellen möchte, kann eine **Katzenklappe** die Lösung sein!

Die lässt sich in fast jeder Tür, auch in Glas-Terrassentüren, und mit etwas mehr Aufwand auch in der Wand installieren. Sie ist aber nicht so gut isoliert wie Ihre Wand oder Tür und bildet eine Kältebrücke. Deshalb sollten Sie sie idealerweise an **weniger beheizten Räumen** anbringen, wo nicht so viel Wärme entweicht.

An der Außenseite sollte sie sich zu einem **möglichst geschützten Ort** mit viel Deckung, etwa Büschen, öffnen. So traut sich die Katze besser nach draußen.

Zwei weitere Dinge, die Sie beachten sollten, sind die ständigen Klappgeräusche und natürlich die Einbruchsicherheit. Da Katzen auch gerne nachts unterwegs sind, sollte die Katzenklappe **nicht direkt neben dem Schlafzimmerfenster** angebracht sein. Damit sich niemand unbefugt Zutritt verschafft, sollten Tür- und Fenstergriffe durch die Katzenklappe nicht erreichbar sein. Es gibt inzwischen auch Katzenklappen, die den Chip einer gechippten Katze erkennen und sich nur für sie öffnen.

6.4. Transportbox oder Transporttasche für Katzen?

Es kommt immer mal vor, dass Sie Ihre Katze transportieren müssen: Etwa zum Tierarzt, in den Urlaub oder in die Tierpension. Dafür haben sich Katzen-Transportboxen bewährt: Sie sind geräumig und stabil und eignen sich auch für größere und aktivere Katzen. Zugleich lassen sie sich leicht reinigen und sind vergleichsweise sicher. Einige Boxen lassen sich auch von oben öffnen, um die Katze einfacher zu entnehmen.

Eine solche Box benötigt aber einiges an Platz und lässt sich zu Fuß nicht so leicht tragen. Dafür eignet sie sich gut **für den Transport im Auto**, IATA-zugelassene Kisten auch für Flugreisen.

Als Alternative dazu sind **Transporttaschen** beliebt, die sich aber nicht immer eignen.

Sie sind handlicher, weicher und viel weniger sperrig, außerdem **lassen sie sich gut zu Fuß transportieren** und sind auch für eine kurze Busfahrt geeignet. Für längere Strecken und Autofahrten sind sie aber eher unpraktisch, außerdem finden größere und aktivere Katzen darin nicht genügend Platz.

Das Ausbruchsrisiko durch den Reißverschluss können Sie mit wiederverwendbaren Kabelbindern verringern.

In beiden Fällen sollten Sie darauf achten, dass das gewählte Modell **groß genug und gut belüftet** ist! Eine gute Größe erkennen Sie daran, dass die Katze sich darin problemlos drehen kann.

6.5. Woran Katzen gerne kratzen

Wenn man sie lässt, kratzen Katzen an allem, das ihnen Spaß macht. Dafür gibt es verschiedene Gründe: Erst einmal setzen sie damit Duftmarken, außerdem schleifen sie ihre Krallen ab und nicht zuletzt entspannt es sie auch, sich mit den Krallen irgendwo einzuhaken und den Rücken mal richtig auszustrecken.

Deshalb kratzen sie an allem, was sich gut kratzen lässt: Türen, Sofas, Schränke, Tische, Tapeten, Dielenböden … und draußen selbstverständlich auch an Baumstämmen. Als artgerechte Alternative zu Möbeln kann man der Katze einen Kratzbaum oder ein Kratzbrett anbieten. Das macht auch Spaß und darf ruhig zerkratzt werden. Es muss natürlich groß genug, straff und ausreichend stabil sein – und je zerkratzter es ist, desto mehr wird die kleine Raubkatze es mögen.

6.6. Katzenhöhlen, Rascheltunnel und Katzenspielzeug

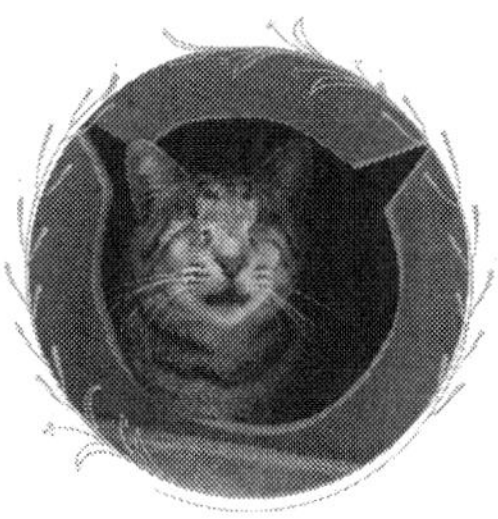

Stubentiger sind verspielt und mögen es, wenn ihre Geschicklichkeit herausgefordert wird. Klassiker in der Katzen-Spielkiste sind natürlich Pappkartons, Bälle und die obligatorischen Kratzbäume, die in keiner Katzenwohnung fehlen dürfen.

Es gibt aber noch eine Vielzahl anderer Spielsachen, die sinnvoll sind und der Katze Freude und Abwechslung bieten. Eine ganz einfache Variante ist die Katzenangel, die auch Menschen Spaß macht und nicht so schnell langweilig wird. Dann gibt es Katzentunnel: toll zum hindurchrennen oder verstecken.

Solche Tunnel sind auch, mit Raschelfolie, als aufregende Rascheltunnel erhältlich. Und dann gibt es noch besonders herausfordernde Spielzeuge, bei denen Snacks hinter Hindernissen und Mechanismen versteckt werden: Solche sogenannten Fummelbretter fordern die Katze auch geistig.

Natürlich spielen Katzen auch gerne mit allem anderen, was sich bewegt, leider auch mit Christbaumkugeln … es muss jedenfalls nicht immer spezielles Katzenspielzeug sein. Es sollte aber für Katzen geeignet sein, also zum Beispiel keine giftigen Materialien oder verschluckbare Kleinteile enthalten.

6.7. Womit kann man Katzen waschen und kämmen?

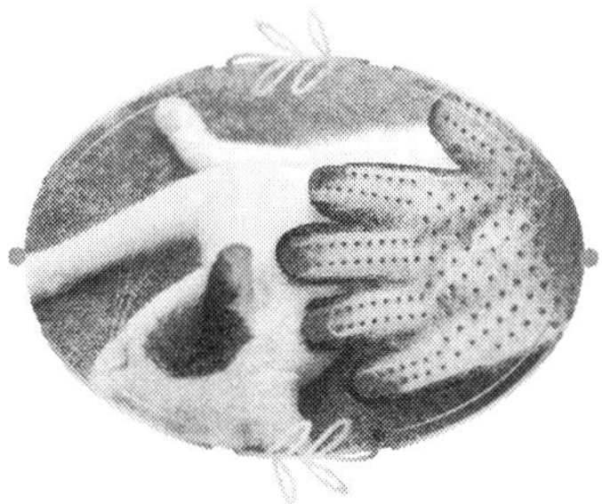

Katzen sind ambitionierte Fellpfleger und kümmern sich eigentlich intensiv um die eigene Sauberkeit. Dabei können Sie sie aber unterstützen, wenn Sie möchten.

Vor allem Langhaarkatzen können Sie täglich mit einer geeigneten **Katzenbürste** bürsten. Katzen mit kürzeren Haaren tut Bürsten vor allem beim Fellwechsel gut, weil es hilft, alte Haare schneller los zu werden.

Dabei sollten Sie aber auf die passende Bürste achten: Bei dichtem Fell mit Unterwolle ist ein mittlerer Zinkenabstand besser geeignet, auch eine weiche Bürste mit Drahtborsten rupft nicht so viele Haare aus. Bei kürzerem Fell ohne Unterwolle wiederum können Sie einen engeren Zinkenabstand verwenden – oder einen Pflegehandschuh mit Gumminoppen.

Die Katze zu **waschen** ist eigentlich **nicht nötig** – zum Glück, denn Katzen sind davon überhaupt nicht begeistert. Wenn das Fell allerdings mit klebrigen oder für die Katze ungesunden Substanzen verunreinigt ist, die sie sich nicht aus dem Fell lecken kann oder soll, dann kann es doch mal erforderlich werden. Meist muss dann aber nicht die ganze Katze in die Dusche: Am besten reinigen Sie das verschmutzte Fell gründlich mit einem feuchten Lappen.

Ein anderer Grund kann vorliegen, wenn die Katze sehr viele Flöhe hat. Häufiger als etwa fünf Mal pro Jahr wird es aber nicht empfohlen. Außerdem sollten Sie kein Shampoo für Menschen verwenden –

Katzenhaut hat einen anderen pH-Wert und es gibt spezielles Katzenshampoo bzw. Katzen-Flohshampoo. Und gehen Sie unbedingt behutsam und vorsichtig vor, um die Katze nicht unnötig zu verängstigen!

7.0. Was macht die Katze da? Das Verhalten der Katzen

Nun kommen wir zu einigen Fragen, die sich bestimmt der eine oder andere Leser – egal, ob Katzenhalter oder Katzenneuling – schon einmal gestellt hat. Denn vieles von dem, was wir bei Katzen so sehen, kommt uns seltsam oder verrückt vor. Zum Beispiel, wenn sie uns immer auf die Toilette folgen, aber dazu kommen wir in Kürze.

Manchmal kann plötzlich sonderbares Verhalten aber auch auf psychische Störungen, Krankheiten, Stress oder Angst hindeuten – dann sollten Sie es mit dem Tierarzt abklären.

Einige besonders typische Verhaltensweisen unserer samtpfötigen Freunde haben wir hier für Sie zusammengetragen.

7.1. Warum Katzen schnurren und miauen

Schnurren gibt es bereits bei Wildkatzen, selbst Löwen und Tiger schnurren. Allgemein wird angenommen, dass die Tiere damit einen entspannten, friedfertigen Zustand signalisieren. Kurz: Wenn Ihre Katze schnurrt, geht es ihr sehr wahrscheinlich gut und sie fühlt sich bei Ihnen sicher. Achten Sie aber auf die gesamte Körpersprache der Katze: Manchmal schnurrt sie auch, wenn sie verletzt oder ängstlich ist, um sich zu beruhigen.

Im Gegensatz dazu kommt **Miauen** nur bei domestizierten Katzen vor.

Das heißt, irgendwann in den letzten etwa 5.000 Jahren haben sich Katzen im Umfeld von Menschen das Miauen angewöhnt.

Warum genau, ist nicht klar: Eventuell setzen sie damit ein kindliches Verhalten fort (Babykatzen müssen das Miauen allerdings auch erst lernen und quietschen meist eher) oder sie versuchen so, mit dem Menschen zu kommunizieren. Meist miaut die Katze, wenn sie unsere Aufmerksamkeit erregen möchte und wir etwas für sie tun sollen – oder ihr z.B. auf die Pfote getreten sind. Dabei kann das „Miau" auch wie „Mau", „Ma", „Mao" oder „Au" klingen.

Außerdem **gurren Katzen** manchmal, wenn sie in guter Stimmung sind. Dieser Laut wurde ursprünglich verwendet, wenn die Mutter ihren Jungen Futter bringt. Wenn sie aber frustriert sind, zum Beispiel weil Beute außer Reichweite ist – oder weil ihr Mensch mit ihnen schimpft –, dann machen Katzen auch **Schnattergeräusche**. Es ist denkbar, dass Katzen so oft über Laute mit uns kommunizieren, weil wir ihre subtile Körpersprache oft einfach nicht zufriedenstellend verstehen.

Ein großer Teil der **Kommunikation** findet übrigens über **die Augen** statt:

- Katzen tragen häufig **Anstarr-Wettbewerbe** aus. Der direkte Augenkontakt wird dabei als aggressiv verstanden und entweder erwidert oder, zur Demonstration von Unterlegenheit, abgebrochen.
- Auch **verengte Pupillen** deuten auf Aggression hin, **weite Pupillen** hingegen auf Spiel und Neugier. Daran können wir erkennen, mit welcher Absicht die Katze zum Beispiel an unserem Hosenbein kratzt.
- Wie im Kapitel über Liebesbekundungen genauer erklärt wird, ist auch **Zwinkern** eine häufige Ausdrucksform – wenn Sie zurückblinzeln möchten, dürfen Sie aber nicht zu lange starren. Katzenkommunikation ist oft subtil, Katzen lernen aber mit der Zeit häufig auch, unsere Signale zu deuten.

7.2. Ihre Katze beißt – was tun?

Wenn Katzen beißen, hat das oft einen freundlichen Hintergrund: Entweder liegt dem Beißen der natürliche Spieltrieb zugrunde. Dann kann es helfen, wenn die Katze besser ausgelastet wird, das kommt vor allem bei Wohnungskatzen häufiger vor. Oder das Beißen ist ein Liebesbeweis – auch bei der Paarung beißt der Kater der Kätzin in den Nacken.

So nett es gemeint ist, die Beißspuren an den Händen können störend sein und es zwickt auch manchmal ziemlich, wenn der kleine Tiger mit seinen spitzen Zähnchen zubeißt. Deshalb kann es sinnvoll sein, der Katze dieses Verhalten abzutrainieren, zum Beispiel mit Clicker-Training. Das ist artgerechter als mit Bestrafung zu arbeiten und zugleich mit seiner Kombination aus Geräusch und Belohnung oft sehr wirkungsvoll. Mehr darüber erfahren Sie im Kapitel „Einfache Clicker-Übungen".

www.k-h24.de/link

Katzenbiss:

Ein Katzenbiss kann schmerzhaft sein und das Infektionsrisiko ist sehr hoch.

Wenn die Katze Sie zum Beispiel aus Angst gebissen hat, sollten Sie die Wunde auf jeden Fall mit Leitungswasser reinigen, **desinfizieren, steril abdecken** und von einem Arzt untersuchen lassen.

Ob sich ein Katzenbiss infiziert hat, erkennen Sie an folgenden **Entzündungszeichen**:

- lokale Überwärmung
- Rötung
- Schwellung
- Schmerz
- eingeschränkte Beweglichkeit der Finger an der Hand mit dem Katzenbiss
- Austritt von blutigem Sekret oder Eiter aus der Wunde

Eine Impfung gegen Tollwut muss abgewägt werden. Bei streunenden, unbekannten Katzen wird allerdings häufig zu einer Impfung geraten, weil Tollwut immer tödlich verläuft.

7.3. Einfache Clicker-Übungen:

Der Clicker ist ein praktisches Hilfsmittel, um Ihre Katzen einfach und angenehm zu beschäftigen, ihnen Tricks beizubringen und ihr Verhalten sanft und wirkungsvoll zu steuern. Statt dem Clicker können Sie auch mit einem Zungenschnalzen oder einem bestimmten Pfeifen arbeiten, dann benötigen Sie nicht einmal ein zusätzliches Gerät.

Grundsätzlich wird bei diesem Training das erwünschte Verhalten jedes Mal mit einem Leckerli als Belohnung sowie einem Schnalzen belohnt. Das führt dazu, dass die Katze das Verhalten mit der Belohnung und dem Geräusch assoziiert und anfängt, dieses Verhalten zu bevorzugen.

Zur Vorbereitung verbinden Sie das Geräusch mit dem Leckerli, indem Sie bei jeder Leckerligabe auch Schnalzen. Später können Sie dies dann mit Kommandos oder bestimmtem Verhalten verbinden. Einige Beispiele:

- Die Katze beißt: Belohnen Sie erwünschtes Ausleben des Spieltriebs, zum Beispiel an Spielzeug, mit Schnalzen und Leckerlis. Oder belohnen Sie andere Arten, Zuneigung auszudrücken, mit Schnalzen und Leckerlis.
- Das „Komm"-Kommando: Rufen Sie die Katze immer mit dem gleichen Kommando und belohnen Sie das richtige Verhalten entsprechend
- Das „Sitz"-Kommando: Belohnen Sie jedes Hinsetzen mit Leckerli und Schnalzen, begleiten Sie es mit dem Kommando „Sitz"

Wichtig: Bestrafung gibt es beim Clicker-Training nicht! Sollte Ihre Katze sich anders als gewünscht verhalten, müssen Sie das ignorieren und geduldig sein.

Zum Thema **Clicker-Übungen** finden Sie weiterführende Informationen unter anderen hier:

www.k-h24.de/link

7.4. Warum Katzen Mäuse und andere Geschenke mitbringen

Das Mitbringen von „Geschenken“ gehört zu den irritierendsten Verhaltensweisen der kleinen Mäusejäger. Sie bringen halbtote Mäuse, Vögel und Fledermäuse und präsentieren sie voller Stolz auf dem Wohnzimmerteppich. In einem kuriosen Fall in Neuseeland brachte eine Katze sogar einen Beutel mit Marihuana mit.
www.k-h24.de/link

Aber was sollen wir nun davon denken? Viele Menschen nehmen an, dass die Katze sich mit solchen Geschenken für die Versorgung und den guten Service bedanken will. Es gibt aber noch ein paar weitere Theorien:

1. Eventuell glaubt die Katze, dass Menschen nicht wissen, wie man jagt. Deshalb bringen sie halbtote Tiere, an denen wir üben sollen.

2. Die Katze hat sich ein interessantes Spielzeug mit nach Hause gebracht, wo sie sich ungestört von anderen Katzen damit beschäftigen kann.

Was davon wirklich stimmt – das weiß wohl nur der Stubentiger selbst. Auf keinen Fall meint die Katze das jedenfalls böse. Wir sollten es also mit ein wenig Humor sehen und Verständnis dafür haben, dass die Katze das, warum auch immer, für eine super Idee hält.

7.5. Spielen oder Kämpfen – die Unterschiede

Das Temperament von Katzen ist sprichwörtlich und sie tragen auch gerne spielerische Scheinkämpfe aus, die sehr wild aussehen können. Da ist es oft schwer zu erkennen, ob das noch Spiel ist oder ein wirklicher Kampf stattfindet, den man unterbrechen sollte. Deshalb haben wir hier einige Tipps für Sie, woran Sie die Unterschiede zwischen einem Spielkampf und einem echten Kampf erkennen können:

1. **Körpersprache**: Haben die Katzen die Ohren angelegt und das Fell aufgestellt, dazu sogar die Krallen ausgefahren, dann ist das ein echter Kampf, bei dem sie nicht aufpassen, die andere Katze nicht zu verletzen.

2. **Geräusche:** Wenn Sie lautes Fauchen und **Schmerzensschreie** hören, dann ist das kein Spiel, sondern ein **echter Kampf**.

3. **Sozialverhalten**: Katzen, die normalerweise gut miteinander auskommen, kämpfen eigentlich nicht plötzlich. Auch wildes Toben ist dann häufig eher spielerisch. Auch, wenn sie sich abwechselnd gegenseitig jagen, deutet das auf ein Spiel hin. Und wenn sie sich danach nicht meiden und eventuell sogar nebeneinander schlafen oder fressen, dann war es sicher auch nur ein Spiel.

4. Auf einen **echten Kampf** deutet hin, wenn sie sich danach plötzlich meiden oder nur eine Katze die andere Katze jagt – dann kann eine Form von Katzenmobbing vorliegen. Auch, wenn sich die Katzen nicht kennen, ist ein echter Kampf wahrscheinlicher.

Aber **was tun, wenn Ihre Katzen miteinander kämpfen**? Viele Katzenbesitzer kommen dann auf die Idee, etwas auf die Katzen zu werfen, um sie zu trennen. Das ist aber keine gute Idee – Katzen verstehen nicht, wo das plötzlich herkommt, und werden nur noch wütender auf die andere Katze. Besser ist es, sie abzulenken und den **Blickkontakt** zu **unterbrechen**, indem Sie etwas zwischen die Katzen bringen. Dann lenken Sie eine der Katzen mit Spielzeug in einen anderen Raum. Schaffen Sie außerdem für die Zeit „nach dem Kampf" genügend Ausweichmöglichkeiten, damit die Katzen nicht immer wieder Konfrontationen ausgesetzt sind. Sie sollten sie dann auch für eine Weile in unterschiedlichen Räumen füttern.

7.6. Wann und wie kann man Katzen zusammenführen?

Sie haben bereits eine Katze und möchten eine zweite Katze neu in Ihren Haushalt einführen?

Dabei gilt es, **behutsam vorzugehen**: Wenn Sie den Katzen ausreichend **Zeit geben**, sich aneinander zu gewöhnen, vertragen sie sich oft besser, als wenn sie plötzlich mit einem „Konkurrenten" konfrontiert werden.

Außerdem ist es hilfreich, wenn die Katzen sich möglichst ähneln – vor allem in Bezug auf Alter, Geschlecht und Charakter. Das reduziert die Wahrscheinlichkeit, dass sie sich mit unterschiedlichen Interessen dauernd gegenseitig auf die Nerven gehen.

Insgesamt dauert die Eingewöhnung etwa acht bis zehn Wochen. Die neue Katze sollten sie, wenn sie **Freigänger** sein soll, aber erst **nach** etwa **einem Monat** ins Freie lassen, damit sie es mit einem überschaubaren Territorium zu tun hat.

In den **ersten drei Wochen** ist mit viel **Streit zu rechnen**, das ist ganz normal, da Katzen ja von Natur aus als Einzeljäger ihren Freiraum gewöhnt sind. Lassen Sie die Katzen am besten erst nach etwa einer Woche direkt aufeinandertreffen, wenn die neue Katze sich ein wenig an die Gegebenheiten gewöhnt hat und ein paar Flucht- und Laufwege kennt – und wenn die andere Katze ihren Geruch in der Wohnung ein wenig kennengelernt hat.

Jetzt wird es spannend: Läuft der erste direkte Kontakt friedlich ab, können sie beide Katzen dafür belohnen. So schaffen sie gleich die erste gute gemeinsame Erinnerung für eine dauerhafte Freundschaft.

Bestenfalls werden die beiden Katzen sich aber nun für ein bis zwei Wochen erst einmal so gut es geht ignorieren. Das ist schon mal besser als kämpfen – wenn sie es nicht schaffen, sich zu ignorieren, sollten Sie sie noch ein paar Tage voneinander trennen. Auf das Ignorieren folgen vorsichtige Neugier und das eigentliche Kennenlernen.

Im besten Fall spielen bald beide Katzen friedlich miteinander und schlafen sogar nebeneinander. Aber selbst, wenn sie nicht beste Freunde werden und sich einfach nur friedlich ignorieren, ist das ein Erfolg bei der Eingewöhnung. Bei kastrierten Katzen und Katern klappt das Zusammenführen übrigens in der Regel besser.

7.7. Warum schlafen Katzen so viel

Wie oft sind wir auf die innere Ruhe der Katze neidisch, die den ganzen Tag lang friedlich und entspannt auf der Ofenbank oder dem Fensterbrett döst und uns nur hin und wieder aus einem halboffenen Auge anschaut. Aber warum schlafen Katzen eigentlich so viel? Ist ihnen vielleicht langweilig?

Tatsächlich ist es für Katzen normal, etwa **doppelt so viel zu schlafen wie wir Menschen**. Junge Kätzchen und Senior-Schnurrbärtchen bringen es auf bis zu 20 Stunden Schlaf am Tag, erwachsene Katzen schlafen immerhin noch zwischen 16 und 18 Stunden am Tag.

Davon ist allerdings nur etwa **ein Viertel der Zeit richtiger Tiefschlaf**, die restliche Zeit dösen Katzen in einem leichten Schlummer, aus dem sie schnell aufwachen können. Dass sie so viel schlafen, liegt an ihrem **hohen Energieverbrauch**, wenn sie wach sind: Wenn eine Katze spielt, tobt, rennt und selbst wenn sie lauert, ist sie immer mit ihrem ganzen Körper und Gehirn dabei, das ist sehr anstrengend. Deshalb benötigt sie eben viele Ruhepausen. Dabei schlafen Katzen wann und wo sie wollen, nicht nur nachts und im Katzenbett. Wenn Katzen ihrem Menschen sehr nah sind, dann schlafen sie übrigens oft etwas mehr, wenn der Mensch aus dem Haus ist.

7.8. Was machen Katzen nachts und wenn sie alleine sind?

Eins weiß man sicher über Katzen in der Nacht: Sie sind alle grau. Abgesehen davon kann sich das nächtliche Verhalten der eigentlich in der Dämmerung jagenden Miezekatzen aber stark unterscheiden. Sie sind zwar nicht ausgesprochen nachtaktiv, sie sind durch ihren Schlafrhythmus aber auch immer wieder **in der Nacht unterwegs**. Dann spielen sie, gehen draußen auf Pirsch, schauen nach ihren Menschen, legen sich auf ihren Lieblingsmenschen drauf oder laufen auf ihm oder ihr herum – das kann sogar gefährlich werden, wenn sie sich nachts einem Kind aufs Gesicht legen.

Während Sie bei der Arbeit sind, macht Ihre Katze das gleiche: Sie schläft, spielt, frisst oder sitzt am Fenster und schaut, was draußen vor sich geht. Außerdem streift sie durch ihr Revier, also die Wohnung, das Haus oder den Garten, und schaut nach, was es Neues gibt. Private Videoaufnahmen im Internet dokumentieren auch, was wir alle schon immer vermutet haben: Sobald wir aus dem Haus sind, gönnt sich die Katze die „verbotenen Gebiete", wie das Bett, in das sie sonst nicht darf. Schmutz oder Schäden verursachen Katzen eigentlich nur, wenn sie sich langweilen – dann könnte eine zweite Katze als Gesellschaft sinnvoll sein.

7.9. Warum Katzen Angst vor Gurken haben

Vielleicht haben Sie schon eins dieser Videos im Internet gesehen, in denen eine Katze frisst und jemand hinter der Katze eine Gurke ablegt.

Sobald die Katze die Gurke bemerkt, erschreckt sie sich und springt in einem steilen Bogen davon. Das sieht natürlich lustig und kurios aus – nachmachen sollten Sie es aber bitte trotzdem nicht. Denn das jagt der Katze wirklich einen Heidenschreck ein und ältere oder kranke Katzen können sogar Herzprobleme von diesem Schreck bekommen. Auch gesunde Katzen finden es garantiert nicht lustig.

Aber **warum reagiert die Katze so** auf ein harmloses, regloses Gemüse? Eine Theorie besagt, dass die Gurke, oberflächlich betrachtet, an eine Schlange erinnert und einen Fluchtreflex auslöst. Es kann aber auch sein, dass es die plötzliche Veränderung hinter der Katze ist, die den Fluchtreflex auslöst. Nicht umsonst suchen sich Katzen bevorzugt einen ruhigen, ungestörten Ort zum Fressen – wer solche Spiele treibt, missbraucht also auch das Vertrauen der Katze, die in unserer Nähe frisst. Für die zweite Theorie spricht, dass Katzen nicht nur auf Gurken mit Flucht reagieren, sondern auch auf andere Gegenstände, die man plötzlich hinter sie stellt.

Andererseits reagieren Sie auf eine Gurke, die in ausreichender Entfernung auftaucht, weniger ängstlich, sondern vielmehr mit Neugier.

Immerhin ist eine Gurke für die Katze so groß, wie Ihr Bein für Sie: Stellen Sie sich mal vor, so ein Gegenstand taucht, während Sie Ihr Essen genießen, plötzlich hinter Ihnen auf. Das würde Sie sicher auch mindestens irritieren.

7.10. Warum Katzen Angst vor Wasser haben.

Wer einmal das Drama erlebt hat, was eine Katze um ein paar Spritzer Wasser in ihrem Fell machen kann, der weiß: Katzen sind alles andere als Wasserratten. Nicht alle Katzen, muss man allerdings anmerken: Einige Katzen, vor allem Züchtungen aus küstennahen Regionen, sind weniger wasserscheu. Dazu zählen die Maine Coon, die Bengalkatze und die Türkische Van.

Aber warum sind Katzen nun wasserscheu? Ganz einfach: Sie stammen von einem Steppentier ab, das kaum an natürlich vorkommendes Wasser gewöhnt ist. Auch wenn die meisten Katzen aus irgendwelchen Gründen schwimmen können, meiden sie Wasser. Sie brauchen es auch nicht unbedingt: Ihren Flüssigkeitsbedarf decken sie überwiegend durch ihre Nahrung.

Ein Grund für die Wasser-Aversion kann im **Fell** liegen: Es ist nicht wasserabweisend und wenn es erst einmal durchgeweicht ist, trägt es sich wie ein nasser Wollpulli. Es ist schwer, trocknet langsam und stört die Balance beim Klettern und Springen. Außerdem ist es vor allem in Mitteleuropa oft einfach zu kalt, um so nass zu sein und eine Unterkühlung ist sehr gefährlich für Katzen.

Hinzu kommt, dass Katzen großen Wert auf ihren **eigenen Duft** legen. Und der geht natürlich durch Wasser verloren und muss mühevoll wiederhergestellt werden. Auch aus diesem Grund sind Katzen keine Fans vom duschen und baden.

7.11. Wieso Katzen gerne auf Menschen schlafen.

Wir hatten das Thema ja schon bei den nächtlichen Beschäftigungen: Katzen **legen sich gerne auf Menschen**, am liebsten auf jene, die sie besonders mögen. Aber warum machen sie das?

Dafür gibt es verschiedene Theorien – welche davon wirklich der Grund ist, könnte uns nur eine Katze verraten, wenn sie sprechen könnte. Aber Gründe, die plausibel erscheinen, sind:

- Auf dem riesengroßen Menschen zu liegen gibt ihr ein **sicheres Gefühl**: Raubtiere und Raubvögel, die vielleicht eine kleine Katze fressen würden, trauen sich weniger wahrscheinlich an einen fast 20 mal so großen und schweren Menschen heran. Das kann man sich etwa vorstellen, wie wenn wir uns zum Schlafen an ein freundlich gesonnenes, ausgewachsenes Nilpferd ankuscheln würden – an solch einen Behemoth von mehr als einer Tonne Gewicht traut sich nicht einmal ein hungriger Löwe heran.
- Wegen ihrer höheren Körpertemperatur ist Katzen, die ja ursprünglich aus dem heißen, trockenen Nordafrika stammen, bei uns zu Hause meist etwas kühl. Deshalb legen sie sich zum Schlafen gerne auf Oberflächen, die etwas **Wärme abstrahlen** – und eben gerne auch auf den warmen schlafenden Menschen.
- Direkter Körperkontakt scheint Katzen ein **angenehmes, wohliges Gefühl** zu geben – wenn sie anderen Katzen vertrauen, kuscheln sie sich auch gerne an diese an. Da ist es nur logisch, dass sie zum Schlafen auch gerne mit ihrem Menschen kuscheln.

Wer das nicht mag, kann die Katze nachts aus dem Schlafzimmer verbannen oder es ihr ganz abgewöhnen, sich auf dem Bett aufzuhalten.

Dabei sollten Sie zwar nicht erwarten, dass die Katze sich sofort begeistert fügt – eine Katze zu besitzen muss aber auch nicht heißen, dass man jeden Morgen mit einem Katzenpo im Gesicht aufwachen muss. Mit Duftstoffen können Sie das Bett ohne viel Aufwand unattraktiv machen – wir empfinden Zitrusduft zum Beispiel als angenehm, Katzen mögen ihn aber gar nicht.

7.12. Wie sagt eine Katze „Ich liebe Dich"?

Ob Katzen **Liebe und Zuneigung** so empfinden wie wir, ist fraglich – immerhin stammen sie ja von vergleichsweise einzelgängerischen Wildkatzen ab und haben für solche Gefühle nicht die gleiche soziale Verwendung wie wir. Andererseits weiß jeder, der eine Katze besitzt: Die kleinen Stubentiger **zeigen auf verschiedene Weise ihre Zuneigung** und genießen es, mit Menschen zusammen zu sein, die sie mögen.

Dabei ist die **Art und Intensität der Liebesbekundungen** natürlich von der Rasse und vom individuellen Charakter der Katze abhängig. In der Regel haben diese Signale ihren Ursprung in der Beziehung einer jungen Katze zu seiner Mutter.

Ein Beispiel dafür ist das **Antrippeln** mit den Vorderfüßen: Das ist ein angeborener Reflex sehr junger Katzen, die so die Milchproduktion bei der Mutter anregen. Da wir die Katzen füttern und sie so dauerhaft in einer „Baby"-Rolle halten, behalten sie offenbar diesen Reflex bei. Nebenher markieren sie uns so auch mit Duftspuren und zeigen, zu wem wir gehören.

Anschmiegen und Schnurren sind ebenfalls typische Signale, die auch recht einfach zu deuten sind: Wen eine Katze mag, dem ist sie gerne nahe, und wenn sie dabei schnurrt, dann fühlt sie sich sicher und behaglich. Besonders viel Vertrauen zeigen Katzen, wenn sie ihren **Bauch präsentieren** – ein solches Risiko gehen sie nur ein, wenn sie sich ganz sicher sind.

Leichtes **Anknabbern oder Ablecken**, zum Beispiel an den Händen, ist ebenfalls ein spielerischer Weg, wie Katzen Zuneigung zeigen.

Ganz deutlich wird es, wenn die Katze den Menschen **anblinzelt**. Dann freut sie sich ganz besonders, wenn der Mensch kurz zurück blinzelt.

Wenn die Katze ihren Menschen **mit dem Kopf anstupst** und sich **an seinen Beinen reibt**, zeigt sie nicht nur Nähe oder fordert Aufmerksamkeit. Auch hierbei hinterlässt sie nämlich Duftspuren, die anderen Katzen deutlich sagen sollen: „Meins!".

Wer öfter mit Katzen zu tun hat, hat vielleicht schon die Gelegenheit gehabt, ein merkwürdiges Phänomen zu beobachten: Katzen scheinen vor allem jene Menschen zu bevorzugen, die überhaupt keine Katzentypen sind.

Wussten Sie, warum **Katzen lieber zu Menschen gehen, die gar keine Katzen mögen**? Die Erklärung ist so einfach wie katzentypisch. Denn wer keine Katzen mag, bedrängt Katzen auch weniger mit Ansprechen, Anfassen und direktem Blickkontakt. Vor allem bei Menschen die die Katze nicht kennt, empfindet sie das ablehnende Verhalten als sehr angenehm und einfühlsam. Sie fühlt sich bei solchen Menschen also erst einmal sicherer und geborgener. Ein sehr verständliches Verhalten, oder würden Sie lieber zu einer grabschenden, lauten Person gehen, die Sie nicht kennen?
www.k-h24.de/link

7.13. Wie sehen und denken Katzen?

Katzen funktionieren etwas anders als Menschen: Sie leben und vor allem jagen sie in der Natur, nicht wie wir in Gruppen, außerdem sind sie viel kleiner und ernähren sich anders, nämlich nur von Fleisch.

Daraus ergibt sich ein vollkommen anderer Blick auf die Welt. Und wenn wir den besser verstehen, dann verstehen wir auch die Katze besser.

Also, wie sehen Katzen als **Dämmerungsjäger**? Sie benötigen nur etwa 1/6 der Lichtmenge, die wir Menschen brauchen, um noch etwas erkennen zu können. Wenn es für uns also stockfinster ist, können Katzen noch immer das Geschehen beobachten.

Dafür sehen sie aber selbst am Tag alles deutlich **weniger bunt** als wir, da sie weniger Rezeptoren für Farbwahrnehmung in ihren Augen haben.

Auch die Farben selbst sehen für Katzen anders aus: Sie können wahrscheinlich **kein Rot sehen**, sondern haben nur ein blau-violettes und ein grün-gelbes Farbspektrum zur Verfügung. Insgesamt sieht die Welt für sie also etwas blasser und blaugrüner aus als für uns.

Dabei ist auch ihr Blickwinkel ganz anders als unserer: Sie sehen in einem **weiteren Winkel**, dafür erkennen sie alles, was weiter als etwa sechs Meter entfernt ist, nur unscharf.

Ein großer Teil der Wahrnehmung findet über den **sensiblen Geruchssinn** statt. Mit mehr als 200 Millionen Riechzellen können Katzen etwa **14 mal besser riechen als wir**. Das erklärt, warum sie so viele Düfte meiden, die wir angenehm finden: Was für uns eine leichte Lavendelbrise ist, die den Mief des Katzenklos überdeckt, nimmt die Katze als infernalischen Gestank wahr.

Das **Denken der Katzen** ist ebenfalls von ihrer natürlichen Herkunft geprägt: Ihre ganze Aufmerksamkeit richtet sich auf das **Beobachten**, das **Jagen** und das **Verstecken**. Dabei teilen ihre scharfen Sinne, vor allem der gute Geruchssinn und die gute Nachtsicht ihnen alle dafür wichtigen Signale aus der Umgebung mit. Alles, was Geräusche macht oder sich bewegt, ist für die Katze erst einmal interessant: Kann sie es jagen? Muss sie sich davor verstecken? Muss sie kämpfen und wie sind ihre Aussichten? Wie groß ist es und wohin bewegt es sich? Deshalb sind Katzen schnell gestresst, wenn es zu Hause zu hektisch zugeht und sie sich nicht an einem ruhigen Ort verstecken können.

Auch die natürliche **Neugier** und der **Spieltrieb** der Katzen beeinflussen ihr Denken. Das führt sogar dazu, dass sie selbst kreative Lösungen für Probleme finden – nicht wenige Samtpfoten finden zum Beispiel heraus, wie man Türklinken benutzt. Gerade bei Katzenspielzeug sollte man auch daran denken, diese Seite der Katze auszulasten und nicht nur den Jagdinstinkt.

Und **was denken Katzen über uns**? Eigentlich wäre es ihr Instinkt, vor so großen Tieren wegzulaufen. Weil die meisten Katzen aber Menschen seit ihrer Geburt kennen und wissen, dass wir ihnen Futter geben und keine Gefahr sind, bleiben sie in unserer Nähe zumeist ruhig und entspannt. Sie haben keinen biologischen Grund, zu wissen, was Menschen sind – am wahrscheinlichsten halten sie uns für **seltsame, riesige Katzenmütter**, die ihnen nützlich sind.

Dabei **beobachten sie uns ständig**. Der Mensch geht in die Küche? Dort steht das Futter! Deutet das Verhalten des Menschen darauf hin, dass er mir Futter geben will?

Mit ihren scharfen Sinnen achtet die Katze auf **jedes Signal** und jedes Detail unserer Handlungen, um Hinweise zu bekommen, was als nächstes passiert.

Natürlich **verstehen Miezekatzen kein Wort** von dem, was wir ihnen erzählen. Aber sie sind gute Beobachter und wissen nach einer Weile genau, was nach bestimmten Lauten, die wir machen, passiert oder was ein bestimmter Tonfall bedeutet. Und das ist eigentlich auch schon alles, was sie interessiert.

7.14. Woran erkennen Katzen ihren Besitzer?

Freunde und Feinde, Verwandte und Fremde zu unterscheiden, ist eine natürliche Fähigkeit von Katzen. Deshalb sind sie selbstverständlich auch in der Lage, **ihren Menschen und andere Mitbewohner des Haushalts zu erkennen**. Dabei mögen sie, jeder der Katzen hat, weiß das, auch manche Menschen mehr als andere und erkennen sie auch nach Wochen noch wieder.

Für diese Fähigkeit verlassen sie sich vor allem auf ihren hervorragenden **Geruchssinn**.

Sie erkennen uns nicht nur an unserem eigenen Geruch, sondern auch anhand von **Geruchsmarken**, die sie durch Reiben und Trippeln ständig an ihren Menschen anbringen. Außerdem können sie uns natürlich sehen und hören: Neben dem Geruch erkennen Katzen uns auch an **Stimme, Aussehen** und unseren typischen **Bewegungen**.

Kennen Katzen eigentlich auch ihren **eigenen Namen**? Sie lernen schon, dass mit diesem bestimmten Laut oft eine Aufforderung an sie verbunden ist. In dem Sinne kann man schon sagen, dass sie ihren Namen kennen. Ob sie darauf reagieren, ist aber noch einmal eine ganz andere Sache – das hängt nämlich davon ab, ob die Katze das in dem Moment auch will.

7.15. Das Pica-Syndrom: Was frisst die Katze denn da?

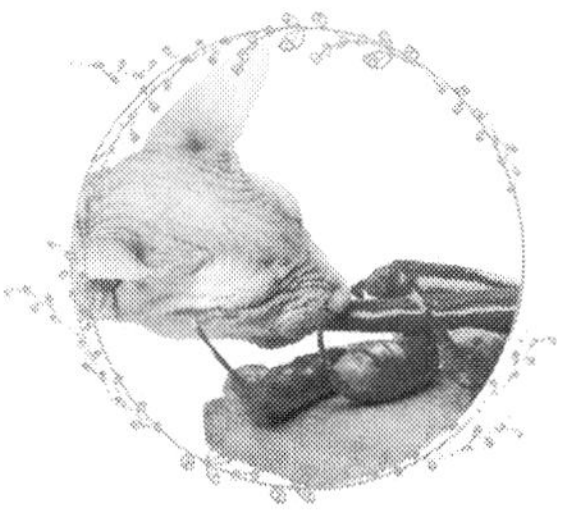

Dieses Syndrom kann sowohl **bei Menschen als auch bei Tieren** auftreten und ist **relativ selten**. Wenn es auftritt, bedarf es aber Ihrer Aufmerksamkeit, damit die Katze nicht zu Schaden kommt. Es äußert sich darin, dass die **Katze plötzlich an Dingen nuckelt oder kaut, die dafür nicht geeignet sind** – und sie eben auch frisst. Das können Plastiktüten, Kleidung, hochflorige Teppiche und viele andere Dinge sein, die Katzen normalerweise nicht fressen und die sie auch gar nicht verdauen können.

Dafür kommen **verschiedene Ursachen** in Frage: Es kann sein, dass der Saugreflex aus der Babyzeit bestehen geblieben ist oder dass die Katze sich einfach sehr langweilt. Auch eine überstarke Bindung an Ihren Menschen kommt als Erklärung in Frage:

Viele Katzen mit Pica-Syndrom fressen gerne Dinge, die nach diesen Menschen riechen. Eine andere Erklärung, im Fall, dass Katzen Plastik fressen, können auch der Geruch und der Geschmack chemischer Weichmacher sein.

In jedem Fall sollten Sie alles, was die Katze anknabbert, ohne dass es dafür gedacht ist, **außer Sicht- und Reichweite aufbewahren**. Oft reicht es schon, wenn einfach der Stimulus beseitigt wird, um das Verhalten zu verbessern. In jedem Fall reduzieren Sie so aber die Gefahr eines Magen- oder Darmverschlusses durch unverdauliche Fasern und Materialien.

8.0. Alles Wichtige für Katzenhalter

Dieses Kapitel wird vor allem ein Nachschlagekapitel: Gestandene und zukünftige Katzeneltern können hier schnell nach wichtigen Informationen schauen und Antworten auf die wichtigsten Fragen finden

Den Anfang machen soll eine Übersicht, **auf was Sie sich als Katzenhalter alles einstellen sollten**.

Das ist nicht als Abschreckung gemeint – natürlich sind die meisten Katzenhalter froh und glücklich damit, einen oder mehrere Stubentiger als Begleiter zu haben. Aber viele Menschen haben auch unrealistische Vorstellungen und sind dann genervt oder überfordert – und setzen die Katze schlimmstenfalls einfach aus. Das möchten wir unbedingt vermeiden. Also, können Sie **für die nächsten 20 Jahre** damit leben, dass:

- das niedliche Katzenbaby zur **ausgewachsenen Katze** heranwächst?
- die Katze vielleicht **krank wird**, gepflegt werden muss und irgendwann altersschwach ist und viel Aufmerksamkeit braucht?
- die Katze sich nicht um Ihre frisch gewischten Fliesen schert und ihr Katzenfutter **neben dem Napf frisst**?

- trotz Kratzbaum auch mal an Ihrem **Wohnzimmer-Sofa gekratzt** wird?
- die Katze sich auch hin und wieder mal auf den Teppich oder das Sofa **übergibt**?
- Missgeschicke beim Katzenklo-Training passieren und **Kot und Urin** ihren Weg auf Teppich, Parkett und eventuell sogar Polstermöbel finden?
- überall **Katzenhaare** sein werden?
- **Katzenstreu** auch mal in der Wohnung verteilt wird, zum Beispiel wenn es im Fell hängenbleibt?
- zerbrechliche Dekogegenstände beim Toben **zu Bruch** gehen?
- bestimmte **giftige Pflanzen** für Ihre Wohnung tabu sind?
- Ihre Katze sehr wahrscheinlich zum Glücklichsein eine **weitere Katze als Freund** oder sehr viel Aufmerksamkeit braucht?
- die Katze **Sie wecken wird**, wann immer sie Sie braucht, zum Beispiel um eine Dose zu öffnen, egal ob es Sonntagmorgen ist – und sich nicht darum schert, die Katzenklappe nachts leise zu benutzen?
- die Katze **nicht weiß, ob sie rein oder raus will**, und sie die Tür dann eben 50 mal öffnen und schließen müssen.
- **Fenster nicht angekippt** werden dürfen und der Balkon mit einem Netz gesichert werden sollte?
- Sie jeden Tag etwa **zwei Stunden Zeit** aufbringen sollten, um sich mit der Katze zu beschäftigen?
- Sie über die Katze oder ihr Spielzeug und anderen beweglichen Kleinkram **stolpern**?
- die Katze auf der Toilette, im Bett und in anderen **privaten Momenten** dabei ist?
- Sie weniger Besuch von Freunden und Verwandten mit **Katzenallergie** bekommen?

- die Katze ein **reiner Fleischfresser** ist und ihr Fleisch braucht, egal, ob Sie sich vegan oder vegetarisch ernähren?
- die Katze **tote und halbtote Tiere** ins Haus schleppen wird?
- Sie nicht mehr ohne herzzerreisende **neidische Blicke** essen können?
- bei Krankheit oder einem Unfall unter Umständen erhebliche **Tierarztrechnungen** auf Sie zukommen?
- die Katze, die ja eine viel kürzere Lebenserwartung hat als wir, **eines Tages stirbt** und Sie im Zweifelsfall die letzte Entscheidung für sie treffen müssen?
- vor jedem Urlaub eine **geeignete Betreuung** finden müssen? Oder wenn Sie sich nicht mehr um Ihre Katze kümmern können.
- Sie sich wirklich **mit den Tieren beschäftigen** und Ihr Leben mit ihnen teilen müssen und auch immer wieder mal die eigene Haltung reflektieren und Ihr Verhalten verbessern müssen? **Dann kann es losgehen!**

8.1. Was tun, wenn Sie sich für eine Katze entschieden haben?

Es ist so weit:

Sie haben sich für eine Katze entschieden und warten jetzt voll Vorfreude, dass das Fellknäuel zu Ihnen nach Hause kommt. Wenn Sie sich für ein Katzenbaby entschieden haben sind die Herausforderungen etwas anders, als wenn Sie eine ausgewachsene Katze aus dem Tierheim adoptieren. Das Haus müssen Sie aber in jedem Fall mit einigen grundlegenden Dingen vorbereiten:

- Sichern Sie **Fenster und Balkone** mit Netzen ab. Türstopper verhindern, dass der Stubentiger sich in der Tür einklemmt.

- Katzen lieben es, auf Regalen entlangzulaufen. Wenn **zerbrechliche Vasen** dabei auf den Boden fallen, sind die Scherben ein Verletzungsrisiko. Entfernen Sie also vorsichtshalber alles, das schnell zu Bruch geht, von exponierten Lagen.
- Entfernen Sie **Pflanzen** aus dem Haushalt und aus dem Garten, die für Katzen giftig sind. Stellen Sie ihr stattdessen Katzengras zur Verfügung (bei Wohnungskatzen).
- Giftliste: Diese Pflanzen und Lebensmittel sind **für Katzen giftig**: Agave, Azalee, Chrysanthemen, Edelweiß, Efeu, Eisenhut, Engelstrompete, Hortensien, Hyazinthen, Krokus, Kakteen, Lilien, Lorbeeren, Maiglöckchen, Magnolien, Mistel, Tomatenpflanzen, Orchideen, Primeln, Stechpalmen, Tulpen, Weihnachtsstern, Yucca, Schokolade, Zwiebeln, Knoblauch, Weintrauben, Steinobst und Avocados
- Besorgen Sie das nötige **Zubehör** (siehe nächstes Unterkapitel).
- Wenn Sie der Katze einen Gefallen tun möchten, dann richten Sie ihr einen gemütlichen **Liegeplatz mit Ausblick** direkt am Fenster ein, außerdem wünscht sie sich eine sichere Höhle.
- Katzen sollten kein rohes Schweinefleisch fressen.
- Silikat- oder mineralbasiertes Katzenstreu wird manchmal von unerfahrenen Katzenkindern gefressen und ist ungesund.

8.2. Was für Katzenzubehör brauche ich?

Es gibt bestimmte Dinge, die Sie unbedingt in Ihrem Haushalt haben sollten, wenn Sie eine Katze einziehen lassen. Denn diese Dinge sind unverzichtbar, um dem Stubentiger ein schönes, artgerechtes Leben zu ermöglichen.

Natürlich gibt es noch viel mehr Zubehör, das Sie kaufen können – aber beginnen Sie mit dieser Liste:

- Geeignetes **Katzenklo** mit geeignetem Katzenstreu
- breiter, flacher **Futternapf** und geeignetes **Futter**
- **Wassernapf** oder Katzen-Wasserbrunnen
- stabiler Kletter- und **Kratzbaum**
- ruhiger, gemütlicher **Schlafplatz** (z.B. Katzenbett)
- ausreichend große **Transportbox** oder Transporttasche

Mehr Informationen dazu, auf was Sie bei der Auswahl achten müssen, finden Sie bei den jeweiligen Themen hier im Buch.

8.3. Wie viele Katzen kann ich zusammen halten?

Weniger die Anzahl der Katzen setzt hier die Grenze als vielmehr die **Bedingungen**: Auf großen Bauernhöfen leben mitunter dutzende Katzen in einem losen Verband friedlich zusammen. In einer Einzimmerwohnung sollte es hingegen bei maximal einer Katze bleiben.

Denn Katzen brauchen immer Möglichkeiten, **einander aus dem Weg zu gehen** – als Faustregel kann man sagen, für jede Katze muss ein Rückzugsraum in einem eigenen Zimmer verfügbar sein.

Außerdem ist es wichtig, die Katzen **gut aneinander zu gewöhnen**:

Je besser sich die Samtpfoten miteinander vertragen, desto weniger sind sie auf geschützte Rückzugsräume angewiesen.

Grundsätzlich sind mehrere Katzen zusammen weniger gelangweilt und **viel aktiver und erfüllter** als Katzen, die den ganzen Tag allein in der Wohnung oder im Haus sind.

8.4. Wie viel kostet es pro Jahr, eine Katze zu halten?

Das lässt sich schwer pauschal sagen. Erst einmal gibt es bei den Preisen für Katzenfutter und Katzenzubehör eine **große Bandbreite** – vor allem nach oben hin gibt es kaum eine Grenze. Wem das Wohl seiner Katze am Herzen liegt, der wird nach Möglichkeit aber auch nicht immer überall die billigste Variante wählen. Trockenfutter ist zum Beispiel oft preiswerter als Nassfutter – es ist aber nicht optimal auf die Ernährung von Katzen abgestimmt, die ihren Flüssigkeitsbedarf ja eigentlich über die Nahrung decken.

Im Folgenden rechnen wir Ihnen grob die **wichtigsten Kosten** vor, wobei wir immer von einem Mittelwert ausgehen, also jeweils nicht den teuersten und nicht den billigsten Produkten. Zu den laufenden Kosten pro Jahr kommen noch die **Anschaffungskosten**, die Kosten für die **Kastration** und **einmalig anzuschaffendes Zubehör** hinzu – diese lassen wir hier erst einmal außen vor.

Zu den laufenden **Kosten pro Jahr** für eine Katze zählen:

- **Futter und Streu** zwischen 30 und 80 € pro Monat, im Jahr etwa 600 €.

- **Tierarztkosten** für eine Katze mit normaler Gesundheit ca. 150 € pro Jahr. Je nach Häufigkeit von Wurmkuren, Verletzungen und Krankheiten können diese Kosten evtl. höher ausfallen.
- **Weitere Ausgaben** umfassen zum Beispiel neues Spielzeug, alle paar Jahre eine neue Transportbox oder Unterbringung in einer Katzenpension. Dafür geben Katzenhalter etwa **100 €** pro Jahr aus.

Insgesamt ist es sicher eine realistische Schätzung, wenn Sie insgesamt mit Kosten von etwa **600 bis 1.200 € pro Jahr und Katze** rechnen.

8.5. Tipps für die katzengerechte Wohnung

Wer will, dass sich die Miez zu Hause wohlfühlt, der schafft ihr eine Wohnung, in der sie sich **ganz als Katze verhalten kann**. Dafür muss die Wohnung **ausreichend groß** sein, viele **Spielmöglichkeiten** bieten und natürlich **sicher** genug sein, dass die Katze auch ohne Aufsicht toben kann. Die meisten Experten empfehlen daher eine Wohnungsgröße von **mindestens 50 Quadratmetern** für Wohnungskatzen, die keinen zusätzlichen Auslauf im Freien bekommen. Auf diesen 50 Quadratmetern wünschen sich Katzen vor allem folgendes:

- ungestörte, gemütliche **Ruhezonen** für ca. 16 Stunden Schlaf am Tag
- interessante **Ausgucke**, zum Beispiel am Fenster, von denen aus die Katze beobachten kann
- geeignete **Kratz**- und **Klettergelegenheiten**
- **Freiflächen** zum Sprinten und Rennen
- **Wandregale** zum Pirschen oder Ausweichen

Außerdem sollten Sie darauf achten, dass sie typische **Gefahrenquellen entfernen** oder sichern – vor allem giftige Pflanzen sowie angekippte Fenster, in denen Katzen hängenbleiben können.

Auch Tiere gehören zudem zu den stillen Leidtragenden des weltweit zunehmenden **Elektrosmogs**. Dabei können sie, anders als wir, das WLAN nicht ausschalten, wenn sie davon Beschwerden bekommen.

Sie tun Ihrer Katze also einen Gefallen, wenn Sie **Liegeplätze und Schlafstätten** für Ihre Katze nicht direkt neben WLAN-Geräte oder DECT-Telefone und -Basisstationen aufstellen.

Wenn Sie in der Nähe von Mobilfunkantennen wohnen, können Sie mit Abschirmung strahlungsarme Ruheräume für Ihre Katze schaffen. Dafür gibt es einerseits abschirmende Materialien, aber auch **strahlungsableitende Katzenbetten** auf dem Markt. Mit einem geeigneten Messgerät können Sie sich einen Überblick über die Strahlenbelastung verschaffen – mehr erfahren Sie unter: www.k-h24.de/link

8.6. Woran erkenne ich das Geschlecht einer Katze?

Das Geschlecht einer Katze zu bestimmen, ist **gar nicht so einfach** – vor allem bei Katzenbabys klappt es nicht unbedingt auf Anhieb, mit ein wenig Übung wird es aber etwas einfacher.

Das Problem ist, dass sich der Penis männlicher Katzen im Bauchinneren befindet und die Hoden nach Kastration nicht mehr fühlbar sind. Ihnen bleiben also nur wenige, nicht immer ganz eindeutige optische Merkmale, als Anhaltspunkte.

Vor allem bei **Katzenbabys unter 8 Wochen** ist es ohne Erfahrung fast nicht möglich, das Geschlecht eindeutig zu bestimmen.

Erstens sind die kleinen Raubtiere noch wirklich winzig, zweitens sind die Merkmale noch nicht voll entwickelt.

Wenn Sie das Geschlecht so einer kleinen Katze bestimmen wollen, müssen sie besonders **vorsichtig und behutsam** vorgehen:

Sie darf nicht zu kalt werden und auf keinen Fall länger als zehn Minuten von der Mutter getrennt werden. Zudem müssen Sie sie viel streicheln und mit ihr spielen, um den Stress gering zu halten.

Als nächstes geht es darum, den **Schwanz zu heben**: Reißen sie ihn nicht hoch, sondern kraulen Sie die Katze sanft am Rücken, bis er sich von selbst hebt. Oder Sie legen die Katze – sanft, spielerisch und gewaltfrei – **auf den Rücken.**

Haben die Genitalien, die Sie nun sehen können, eher eine **Schlitz-Punkt-Form**, deutet das auf ein Weibchen hin. Eine **Punkt-Punkt-Form** mit etwas größerem Abstand deutet auf ein Männchen hin. Bei älteren, nicht kastrierten Männchen sind dazwischen die Hoden fühlbar. Am besten lassen sich die Unterschiede erkennen, wenn Sie **mehrere Kätzchen eines Wurfs untersuchen** und miteinander vergleichen. Überlegen Sie sich gut, ob es notwendig ist, sehr junge Kätzchen diesem Stress auszusetzen: In diesem Alter besteht immer die Gefahr, dass durch Ihre Berührungen die Mutter den Geruch iehres Babys nicht mehr erkennt und sie die Kleine verstösst. Ausserdem wird sich das Katzenbaby unheimlich fürchten.

Manchmal muss man sich aber gar nicht die Mühe einer eingehenden Untersuchung machen. Es gibt nämlich ein paar **genetisch bedingte Merkmale**, die schon von Weitem auf das Geschlecht schließen lassen: Katzen mit **drei Farben** und Katzen mit **Schildpattmuster** sind immer **weiblich**. **Rote Katzen** wiederum sind wahrscheinlich, aber nicht immer, **männlich**.

8.7. Welcher Katzenname passt zu meiner Katze?

Katzen sind durchaus in der Lage, ihren eigenen Namen zu kennen. Das macht man ihnen mit einem **prägnanten Namen** leichter: Schnurrbart III. von Pfotenhausen ist sicher ein ungeeigneterer Name als Oskar oder Muffin. Ansonsten ist es **der Katze natürlich eher egal**, wie sie heißt – der Name ist vor allem für uns Menschen.

Für uns haben Namen aber viel **mehr Macht** als für die Katzen und darüber sollten wir uns bei der Namenswahl bewusst sein. Die meisten Menschen würden eine Katze, die „Dummer Stinker" heißt anders wahrnehmen und behandeln als eine Katze, die „Prinzessin" heißt. Auch wenn die Katze den Namen nicht wirklich versteht, ist sie sehr sensibel für unser Verhalten. Deshalb tun wir der Katze mit einem beleidigenden Namen, auch wenn wir es lustig finden, keinen Gefallen.

Weil die Geschlechtsbestimmung bei Katzenbabys so schwierig ist, haben viele Katzen auch einen **„geschlechtsverdrehten" Namen**: Es gibt männliche Katzen, die „Miez" heißen, genau, wie es weibliche Katzen mit dem Namen „Oscar" gibt. Das ist der Katze allerdings vollkommen egal und macht bei kastrierten Katzen sowieso keinen besonders großen Unterschied.

Die besten Katzennamen sind **kurz** und passen idealerweise zum **Aussehen** und zum **Charakter** der jeweiligen Katze. Dann sind die Menschen am zufriedensten mit dem Namen – und das spürt die Katze.

8.8. Was Katzen fressen und wie sie trinken

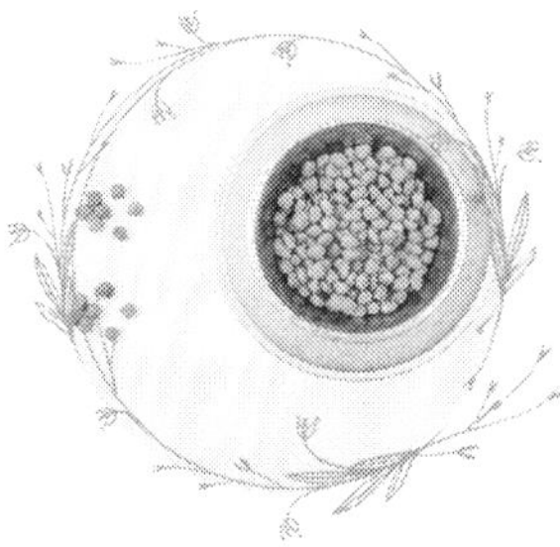

Katzen ernähren sich **völlig anders als wir Menschen**. Auch, wenn wir es gut meinen und Haustiere, egal ob Hund oder Katze, sich immer wahnsinnig dafür interessieren, was wir essen: Es würde der Katze nicht guttun.

Denn die einstigen Wüsten-Raubtiere sind **reine Fleischfresser**. Sie können Gemüse nicht gut verwerten und wichtige Nährstoffe nicht daraus gewinnen. Wer seine Katze also ganz oder teilweise vegetarisch ernährt, riskiert ernsthafte Mangelerscheinungen und unangenehme Verdauungsprobleme. Wir dürfen bei der Ernährung, auch wenn wir selbst für die Katze kochen, **nicht allzu menschlich denken** – gut für die Katze ist, was gut für Katzen ist. Dass Katzen liebend gern Fisch essen, obwohl die meisten von ihnen nie dafür ins Wasser steigen würden, kann man dabei wohl als eine ironische Laune der Natur bezeichnen.

Ein weiterer großer Unterschied ist das **Trinkverhalten**: Anders als wir Menschen, trinken Katzen nicht unbedingt jeden Tag. Sie können bei geeigneter Nahrung ihren gesamten **Flüssigkeitsbedarf über das Futter decken**. Dass sie regelmäßig trinken ist also nur wichtig, wenn überwiegend Trockenfutter gegeben wird.

Was Katzen überhaupt nicht mögen ist, dort zu trinken, wo sie fressen. Erstens decken sie mit dem Futter eigentlich ihren Flüssigkeitsbedarf und haben gar nicht den Instinkt, dazu zu trinken. Zweitens fressen sie getötete Tiere – wenn sich direkt neben dem toten Tier Wasser befindet, ist das nicht unbedingt ein sicheres Getränk. Stellen Sie die **Wasserschale** oder den Wasserbrunnen **lieber in einen anderen Raum** oder wenigstens eine andere Ecke!

Nicht zuletzt führt das Thema **Milch und Katzen** immer wieder zu hitzigen Diskussionen: Einerseits sollen Katzen ja keine Milch trinken, da sie sie nach dem Abstillen nicht mehr vertragen. Andererseits gibt es viele Beispiele von Katzen, die problemlos ihr Leben lang Milch trinken. Tatsächlich haben beide Seiten recht: Wenn die Katze vor und nach dem Abstillen durchgehend Milch zugefüttert bekommt, wird sie häufig nicht laktoseintolerant. Die meisten Katzen vertragen und benötigen allerdings nach dem Abstillen **keine Milch** mehr.

8.9. Wann sollte ich die Katzenkrallen schneiden?

Die gute Nachricht zuerst: Eigentlich ist das **nicht nötig**. Und dafür ist nicht nur die Katze dankbar, die das gar nicht mag – auch Ihnen nimmt das einiges an Aufwand ab, da das natürlich nicht so einfach geht wie bei uns Menschen.

Es kann aber **Ausnahmefälle** geben, in denen es **tatsächlich sinnvoll** ist. Und das ist immer dann, wenn die Nägel zu lang werden – dann können sie die Katze stören oder gar einwachsen. Eigentlich pflegen Katzen ihre Krallen mit Kratzen selbst, zum Beispiel an Kratzbäumen oder Kratzbrettern. Alte und kranke Katzen oder auch Katzen, die in der Wohnung zu viel auf weichen Oberflächen laufen, wetzen ihre Krallen aber oft nicht ausreichend.

Das erkennen Sie daran, dass die Katze sich beim Laufen mit ihren Krallen **im Teppich verheddert** oder beim Laufen auf Holzböden deutliche **Klack-Geräusche** macht. Was ist dann zu tun?

- Greifen Sie **nicht einfach zur Nagelschere** oder zum Nagelclipper! Sie könnten die Katze verletzen!
- Verwenden Sie eine spezielle Krallenschere oder einen **Krallenclipper** für Katzen!
- **Desinfizieren** Sie die Krallenschere vor dem Schneiden!
- Schneiden Sie nicht zu viel ab! Sie könnten **empfindliche Nerven beschädigen** und der Katze Schmerzen zufügen. Dort, wo Blutgefäße in der Kralle zu sehen sind, dürfen Sie **nicht schneiden**.
- Bevor Sie es das erste Mal selbst probieren, lassen Sie es sich einfach zuerst **von einem Tierarzt zeigen**!

8.10. Wenn die Katze rollig wird …

Ihre Miezekatze benimmt sich plötzlich sonderbar? Sie ist seltsam **aufgeregt**, **markiert** überall, macht tiefe **Verbeugungen** und **rollt sich auf dem Boden**? Sie **frisst nicht** und **schreit** dafür die ganze Nacht in den schrillsten Tönen? Dann ist Ihre Katze sehr **wahrscheinlich rollig**.

Der Fruchtbarkeitszyklus von Katzen verläuft völlig anders als bei uns Menschen. Und das führt dazu, dass Katzen ohne Befruchtung in einen Zustand der ständig wiederkehrenden Rolligkeit verfallen können – nicht nur für den Besitzer, sondern auch für die Katze eine große psychische Belastung. Auch dies ist ein Grund, warum weibliche Katzen **vor der ersten Rolligkeit kastriert** werden sollten. Doch fangen wir mal ganz am Anfang an:

Ab einem Alter von etwa **fünf bis acht Monaten** tritt die **erste Rolligkeit** auf, die sich mehrmals pro Jahr wiederholt, vor allem in den Sommermonaten. Sie dauert etwas mehr als eine Woche mit vier paarungsbereiten Tagen. Wird die Katze in dieser Zeit nicht gedeckt, kann sie schon nach zwei Wochen wieder rollig werden, wobei das Verhalten immer auffälliger und verzweifelter wird.

Wer also keine Katzenbabys möchte, sollte auch im Interesse der Katze frühzeitig für eine Kastration sorgen. Dabei werden die Eierstöcke entfernt, so dass die Katze keinen Fruchtbarkeitszyklus mehr hat. Beim Kater werden die Hoden entfernt. Bei einer Sterilisation werden die Samen- bzw. Eileiter nur durchtrennt und ein kleines Stück davon entfernt. Ohne Kastration sind Katzen schnell nach der Geburt wieder paarungsbereit – da sie nur etwa drei Monate lang trächtig sind, können sie etwa **zwei- bis sogar viermal pro Jahr gebären**.

Der eigentliche **Paarungsakt** ist kurz und – vor allem für die Katzendame – eher schmerzhaft. Denn mit kleinen Stacheln am Penis des Katers, die beim Herausziehen schmerzen, wird der Eisprung angeregt. Während einer Rolligkeit kann eine Katze von mehreren Männchen begattet und auch befruchtet werden.

8.11. Warum folgt die Katze mir aufs Klo?

Von allen seltsamen Angewohnheiten der Katzen ist dies sicher eine der merkwürdigsten. Sobald ihr Mensch zur Toilette geht, folgt ihm die Katze mit Eile und Beharrlichkeit. So, als wenn es ihr unheimlich wichtig ist, dabei zu sein. Aber was soll das?

Verschiedene Quellen nennen hier unterschiedliche Vermutungen. Wir können die Katze ja nicht fragen, also denken wir von der Denk- und Lebensweise der Katze aus:

- Die Wohnung ist ihr Territorium und aus Sicherheitsgründen kann sie nicht akzeptieren, dass jemand etwas hinter verschlossenen Türen tut.

- Sie ist eben gerne bei ihrem Menschen und vermisst ihn, wenn er zur Toilette geht – ähnlich wie kleine Kinder, die auch gerne an der Badezimmertür klopfen. Begleiten Sie aber mal ihre Katze zur Katzentoilette, wenn Sie Doppelmoral erleben möchten. Oder besser nicht – denn Sie wissen es ja besser und müssen der Katze keinen Stress verursachen.
- Das Bad ist ein abenteuerlicher Ort mit magischen Dingen, wie dem Wasserhahn, und vielen Spielsachen, wie der Toilettenpapierrolle. Da gehen Katzen eben gerne hin.

Wenn Ihre Katze Ihnen besonders aufdringlich folgt, kann das auch ein Zeichen von Einsamkeit und Langeweile sein. Dann sollten Sie darüber nachdenken, Ihre Katze – wenn die Bedingungen in Ihrem Haushalt es zulassen – mit einem felinen Begleiter aufzumuntern, also mit einer zweiten Katze.

8.12. Was Katzen gar nicht leiden können

Viele Katzen haben einen starken Charakter und wissen ganz genau, was sie wollen und was nicht. Und es gibt ein paar Dinge, die jede Katze hasst. Hier kurz und knapp eine Liste mit allem, das ihre Katze nervt: Einerseits, um ihr das Leben schöner zu machen, indem Sie diese Dinge vermeiden.

Andererseits aber auch, damit Sie sanft und artgerecht das Verhalten des Stubentigers beeinflussen können. Das tun Sie, indem Sie zum Beispiel verbotene Zonen mit bestimmten Gerüchen unattraktiv machen.

1. **Gerüche**, die Katzen nicht mögen:

   - Bei **Zitrone, Essig, Zwiebeln, Lavendel** und **Eukalyptus** halten Katzen lieber Abstand.

2. **Materialien**, die Katzen nicht mögen:

- **Alufolie** ist Katzen als Unterlage überhaupt nicht geheuer. Perfekt, um den guten Sessel abzudecken, wenn man nicht zu Hause ist.

3. Was Katzen **unhygienisch** finden:

- Mit ihrem feinen Geruchssinn können Katzen es nicht leiden, wenn das **Katzenklo stinkt**.
- **Abgestandenes Wasser** trinken Katzen nicht, am liebsten ist ihnen fließendes Wasser.
- **Wasser direkt neben dem Futter** finden Katzen unappetitlich

4. **Formen von Zuwendung**, die Katzen nicht mögen:

- Man sollte unbedingt vermeiden, Katzen **beim Schlafen zu stören**. Das bringt ihr ganzes Sicherheitsgefühl durcheinander.
- Zu **starkes Streicheln** fühlt sich für Katzen unangenehm an. Zur Erinnerung noch mal: Das Gewichtsverhältnis Katze:Mensch entspricht dem Verhältnis Mensch:Nilpferd. Würden Sie gerne von einem Nilpferd grob angepackt werden?
- An sensiblen Stellen sind Katzen besonders empfindlich. Wir sollten nicht ihre **Schnurrhaare anfassen**, ihren **Schwanz anfassen** oder sie **gegen den Strich streicheln.**
- Auch **Aufdringlichkeit** mögen Katzen nicht. Sie brauchen manchmal einfach ihre Ruhe, sie stammen ja schließlich von recht einzelgängerischen Tieren ab.

5. **Was sonst noch**:

- Katzen mögen keinen **Lärm**.
- Katzen fahren nicht gerne **Auto**.
- **Nasses Fell** oder gar ins Wasser fallen nervt die meisten Katzen ganz besonders.

In der Regel zeigen Katzen aber recht deutlich, ob sie gerade Nähe oder Ruhe suchen: Sie kuscheln sich dann entweder an oder ziehen sich zurück. Genauso deutlich reagieren sie, wenn ihnen etwas nicht angenehm ist oder Angst macht. Wer genau auf die Signale seiner Katze achtet wird schnell merken, wie ihr individueller Charakter ausgerichtet ist.

8.13. Welche Katzenversicherung ist die beste?

Mit einer **passenden Versicherung** können Sie Ihrer Katze unter Umständen mehr bieten, als Sie sich normalerweise leisten könnten: vor allem bei Verletzungen oder im Alter können **medizinische Kosten** auf Sie zukommen, die teilweise von Versicherungen übernommen werden – wenn Sie versichert sind. Hier bekommen Sie einen kurzen Überblick darüber, was es für Versicherungen für Katzen gibt und was diese leisten:

- Eine **OP-Versicherung** deckt eventuelle Operationskosten und Klinikkosten für stationäre Eingriffe.
- Eine **Katzen-Krankenversicherung** deckt Behandlungen beim Tierarzt, notwendige Medikamente und teilweise auch bestimmte Vorsorgeuntersuchungen.
- Eine **Haftpflichtversicherung** deckt Schäden, die die Katze verursacht. Sie greift zum Beispiel, wenn die Katze Kleidung von Besuchern beschädigt oder ähnliches. Sie können die Katzen-Haftpflichtversicherung aber nicht nutzen, wenn der Stubentiger in Ihrem Haushalt eine Vase zerbricht – sie deckt nur Fremdschäden.

Bekannte Anbieter von Katzenversicherungen sind zum Beispiel Agila, Allianz, Axa und Uelzener. Auf www.k-h24.de/link können Sie **verschiedene Versicherungsanbieter vergleichen**.

8.14 Katzen und Allergien

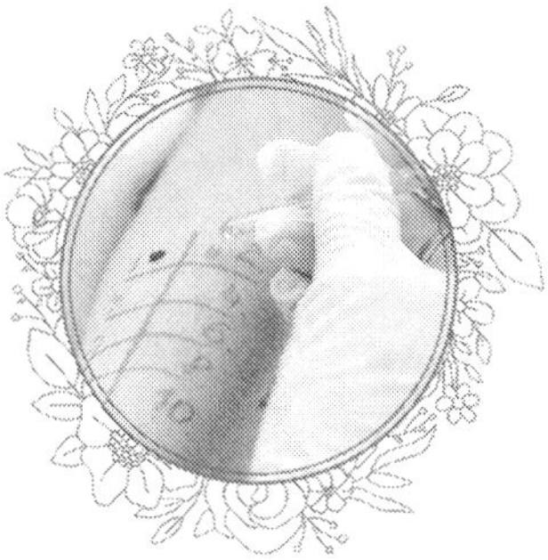

Bevor Sie sich eine Katze zulegen, sollten Sie zur Sicherheit einen **Allergietest machen**. Denn wenn Sie zu spät merken, dass der kleine Stubentiger Ihnen juckende Augen und eine verstopfte Nase verursacht, dann bedeutet das für Sie und die Katze unnötigen Stress.

Die Allergie wird übrigens nicht von den Katzenhaaren selbst ausgelöst, sondern in den meisten Fällen von einem Protein namens FeID1, das im Speichel, Urin und Talg der Katzen enthalten ist. Dieses gelangt allerdings durch Talgdrüsen und Speichel bei der Fellpflege auch auf die Haare, so dass diese ebenfalls zu Niesen und anderen allergischen Reaktionen führen.

Übrigens haben auch Katzen Allergien: Wenn Ihre Samtpfote mit Verdauungsproblemen oder Juckreiz auf bestimmte Nahrung reagiert, kann eine solche Allergie vorliegen. Am besten versuchen Sie es dann mit einer **Ausschlussdiät** herauszufinden, was genau Ihre Katze nicht verträgt.

8.15. Katze zugelaufen – was tun?

Nicht immer, wenn Ihnen eine Katze zuläuft, ist sie herrenlos. Und **nicht immer ist ein Eingreifen erforderlich**: Oft ist sie einfach neugierig und opportunistisch und wohnt eigentlich ein paar Straßen weiter in einem guten Zuhause. Nicht immer ist es also erforderlich, dass Sie etwas tun. Nicht wenige Katzen haben nämlich den Trick raus, als Streuner aufzutreten und so ein Dutzend Mahlzeiten pro Tag von freundlichen Nachbarn zu erhalten.

Wahrscheinlich ist die Katze aber einfach **ihrem Besitzer abhandengekommen** und möchte wieder zurück.

Deshalb sollten Sie zunächst die **zuständigen Stellen**, etwa Tierärzte, die einen Chip auslesen können, informieren, bevor Sie eine zugelaufene Katze adoptieren. Häufig besitzen Haustiere einen Transponder (Chip) den die Polizei oder ein Tierarzt ermitteln kann oder die Katze hat eine Tätowierungsnummer in den Ohren.

Eine zugelaufene Katze muss bei der zuständigen Behörde gemeldet werden (**Fundrecht in BGB §§ 960 ff**). Das kann das **Ordnungsamt**, ein **Fundbüro** oder die **Polizei** sein.

9.0. Typische Katzenkrankheiten und was man tun kann

Natürlich wünscht man seiner schnurrenden Schmusekatze, dass es ihr immer gut geht und sie immer gesund bleibt. Und Katzen sind eigentlich auch **recht robust** – nicht umsonst sagt man ja, dass sie neun Leben haben. Aber natürlich ist es auch für eine Katze nicht schön, krank zu sein.

Was mit der Katze los ist und dass ihr überhaupt etwas fehlt, ist **nicht immer offensichtlich**. Sie zeigen es uns auch nicht immer. Im Zweifelsfall sollten Sie deshalb immer einen **Tierarzt** konsultieren. Ein paar **typische Katzenkrankheiten** stellen wir Ihnen aber an dieser Stelle trotzdem vor, damit Sie bei auffälligen Symptomen nachschauen können, was los sein könnte. Eine Beratung durch den Tierarzt ersetzen diese Informationen natürlich nicht.

9.1. Aber wie viel darf ein Tierarzt eigentlich kosten?

Das wird in der **GOT**, der **Gebührenordnung für Tierärzte**, geregelt. Diese Gebührenordnung soll Sie als Verbraucher vor überhöhten Kosten schützen. Sie besteht aus 800 Einzelleistungen in drei großen Bereichen: Grundleistungen, besondere Leistungen und auf die einzelnen Organsysteme bezogene Leistungen. Daraus können in der Summe die Behandlungskosten errechnet werden.

Dabei darf der Tierarzt das **Ein- bis Dreifache dieses Gebührensatzes** berechnen – wie viel genau, hängt von den Umständen ab. In begründeten Fällen darf er in begründeten Fällen und mit vorheriger schriftlicher Vereinbarung auch von diesen Gebühren abweichen. Im Allgemeinen gibt Ihnen die Gebührenordnung aber einen **guten Überblick**, außerdem können Sie immer vorher die **zu erwartenden Kosten erfragen**.

9.2. Katzenflöhe - woher kommen sie und wie wird man sie los?

Katzenflöhe sind **sehr verbreitet** und kommen **überall in der Natur** vor. Dabei befallen sie aber nicht nur Freigängerkatzen: Wir können sie selbst mit unserer Kleidung in die Wohnung einschleppen.

Wenn die Katze befallen ist, äußert sich dies durch **häufigeres Kratzen**. Wenn Sie die Katze kämmen, finden Sie im Kamm auch Flohkot oder sogar Flöhe – klopfen Sie ihn auf ein weißes Blatt aus, um besser zu sehen, und zerdrücken Sie verdächtige Krümel. Wenn sie sich dann rot färben, hat Ihre Katze wahrscheinlich Flöhe.

Aber was dann tun? Mit einem **Flohkamm** können Sie das Fell auskämmen, außerdem gibt es **Flohmittel** zum Auftropfen und, falls die Katze sich waschen lässt, **Flohshampoo.** Auch **Tabletten** sind erhältlich. Außerdem müssen Sie die ganze Wohnung gründlich reinigen und Textilien heiß waschen. Ansonsten geht alles von vorne los, sobald aus übrig gebliebenen Floheiern die nächste Generation schlüpft.

Als Vorsorge können Sie der Katze ein **Flohhalsband** umbinden – dabei sollten Sie aber auch beachten, dass ein Halsband bei sehr aktiven Katzen auch immer ein Strangulationsrisiko birgt. Die **Gefahr eines Halsbandes** – egal ob Flohhalsband oder Erkennungshalsband – liegt dabei darin, dass es an Ästen hängenbleiben kann, wenn die Katze klettert. Daraus kann sie sich eventuell nicht mehr selbst befreien und erstickt.

Deshalb warnt auch der Deutsche Tierschutzbund immer wieder vor Halsbändern. **Spot-on-Präparate** wirken ohnehin viel effektiver und machen Flohhalsbänder überflüssig.

9.3. Wann und wie sollte man Katzen entwurmen?

Wie Flöhe, gehören auch Würmer zu den **verbreitetsten Katzenparasiten**. Sie können über rohe Nahrung oder verunreinigte Gegenstände in der Natur aufgenommen werden, etwa über Kot und Fliegen. Wenn die Mutter befallen ist, können Kätzchen schon mit Wurmbefall geboren werden.

Einige dieser Würmer, zu denen Spul-, Haken- und Bandwürmer zählen, **können auch Menschen befallen**. Deshalb ist Hygiene in Haushalten mit Katze besonders wichtig. Ob Ihre Katze betroffen ist, erkennen Sie nicht immer sofort. Falls **Symptome** auftreten, dann üblicherweise Gewichtsverlust und Appetitlosigkeit, eine veränderte Stuhlkonsistenz, teilweise sogar mit sichtbaren Wurmgliedern.

Zur Vorsorge können Sie regelmäßig **Wurmkuren** durchführen. Für Katzen mit Freilauf in der Natur macht dies alle drei Monate Sinn, bei Wohnungstigern reicht eine Wurmkur pro Jahr meist aus.

Wenn Sie den Kot vorher vom Tierarzt testen lassen, können Sie überflüssige Wurmkuren vermeiden. Auch bei Katzenbabys sollten Sie zunächst Rat vom Tierarzt einholen.

9.4. Was ist Katzenschnupfen und wie erkennt man ihn?

Der Name Katzenschnupfen klingt weniger ernst, als die Krankheit tatsächlich ist: Unbehandelt kann sie sogar **relativ oft tödlich** enden, was vor allem Streunerkatzen ohne Besitzer immer wieder trifft. Die Ursache ist eine **Ansteckung mit Viren**, in einigen Fällen auch mit Bakterien.

Typische **Symptome** für den Katzenschnupfen sind Niesen, Fieber, tränende Augen und eine laufende Nase sowie Atembeschwerden und eine auffällige Energielosigkeit. In diesem Fall sollten Sie **sofort zum Tierarzt** gehen, damit dieser einen Abstrich nehmen und den Erreger bestimmen kann.

Bei einer bakteriellen Infektion kann mit Antibiotika schnell geholfen werden – natürlich mit speziellen Präparaten für Katzen. Gegen Viren helfen Antibiotika nicht, hier wird in der Regel symptombezogen behandelt. Dafür können Sie Ihre Katze mit einer **Mehrfachimpfung ab der achten Lebenswoche** gegen typische Katzenschnupfen-Viren impfen lassen.

9.5. Womit reinigt man die Katzenaugen?

Das sprichwörtliche Funkeln der Katzenaugen kann manchmal getrübt sein – etwa, wenn die Augen durch einen **Katzenschnupfen** oder eine **Bindehautentzündung** verklebt sind. Der Tierarzt bittet Sie dann vielleicht, die Augen Ihrer Katze **regelmäßig zu reinigen**, bis die Infektion überstanden ist. Aber wie sollten Sie dabei vorgehen?

Besonders wichtig ist es, das empfindliche Auge nicht zusätzlich zu verkeimen. Verwenden Sie deshalb ein **sauberes, frisches und fusselfreies Baumwolltuch** oder einen frischen, sauberen und weichen Schwamm. Das Wasser zum Befeuchten sollten Sie vorher **abkochen**, um eventuelle Keime abzutöten. Mehr brauchen Sie nicht: Verzichten Sie im Interesse der Katze lieber auf Reinigungsmittel, Öle, Teebeutel und andere Tipps, die Sie im Internet finden. Nach dem Reinigen nehmen Sie ein frisches, trockenes und sauberes Tuch, mit dem Sie das Auge **vorsichtig trockentupfen**.

9.6. Was ist Katzenpilz und woher kommt er?

Der Katzenpilz heißt eigentlich „Microsporum canis", also Hundepilz. Er befällt aber gerne auch Katzen und ist sogar **auf Menschen übertragbar**. Er lebt auf der Hautoberfläche und ernährt sich von Hautschuppen und Fell bzw. Haaren.

Als typische Zeichen für einen Pilzbefall erkennen Sie **kreisförmige kahle Flächen im Fell** bzw. in der Kopfhaut. Die Haut ist an diesen Stellen außerdem gerötet und geschuppt.

Das ist zwar unangenehm und oft unansehnlich, aber **nicht gefährlich**, da der Pilzbefall oberflächlich bleibt. Suchen Sie, wenn Ihre Katze befallen ist, einen Tierarzt auf: Dieser kann den Pilz innerlich und äußerlich behandeln. Sollten Sie selbst befallen sein, kann Ihnen Ihr Hautarzt helfen.

9.7. Was tun, wenn sich die Katze vergiftet hat?

Katzen sind von Natur aus **extrem neugierig**. So sehr, dass das Sprichwort „Neugier hat die Katze getötet" leider nicht von ungefähr kommt. Auf ihren Entdeckungstouren durch die Wohnung und den Garten kann es schnell vorkommen, dass Ihre Katze etwas anknabbert, das **giftig für Katzen** ist. Zu den typischen Quellen für Vergiftungen zählen neben Pflanzen und Lebensmitteln auch Giftstoffe, die die Katze sich aus dem Fell leckt, Giftköder, giftige Haushaltsreiniger, umherliegende Medikamente und Drogen, darunter auch Tabak, und vieles mehr. Was viele nicht wissen: Auch **Aspirin ist für Katzen giftig**!

Eine Vergiftung erkennen Sie an **typischen Symptomen**: Wenn die Katze sich erbricht, Durchfall bekommt, vermehrten Speichelfluss zeigt oder sogar Krämpfe hat, zittert oder benommen wirkt, sollten Sie schnell reagieren. Genauso, wenn die Katze hustet, nicht richtig sehen kann oder veränderte Pupillen zeigt, anders atmet oder gar blau anlaufende Schleimhäute hat. Waschen Sie eventuelle giftige Fellverschmutzungen sofort aus dem Fell, um eine weitere Giftaufnahme zu verhindern. Dann machen Sie sich **umgehend auf den Weg zum Tierarzt** und bringen Sie, wenn möglich, die giftige Substanz mit, damit der Arzt weiß, was zu tun ist. Geben Sie auf keinen Fall selbst irgendetwas – insbesondere keine Medikamente für Menschen, die für Katzen ebenfalls giftig sein können!

Zur Vorsorge sollten Sie nicht nur alles, was giftig sein könnte, außer Reichweite der Katze aufbewahren. Schreiben Sie sich auch **wichtige Notfall-Telefonnummern** auf (siehe Kapitel 10.7) oder speichern Sie sie in Ihr Smartphone, damit Sie auch nachts und am Wochenende schnell Hilfe bekommen.

9.8. Welche Katzenkrankheiten sind übertragbar?

Nicht immer, wenn die Katze krank ist, können wir uns anstecken – und nicht immer, wenn wir krank sind, kann sich die Katze anstecken. Doch **einige Krankheiten sind tatsächlich zwischen Menschen und Stubentigern übertragbar** und deshalb sollten wir im Umgang vorsichtig sein, vor allem, wenn Katzen Symptome zeigen.

Im Folgenden zeigen wir Ihnen kurz, bei welchen Krankheiten ein Ansteckungsrisiko besteht:

- **Tollwut**: Diese Krankheit ist zwar sehr gefährlich, aber in Deutschland auch sehr selten, vor allem bei Haustieren. Tollwut wird durch Bisse übertragen, direkt nach einem Biss durch ein verdächtiges oder wildes Tier ist eine Notimpfung erforderlich.
- **Katzenkrankheit**: Diese bakteriell verursachte Krankheit ist für Kinder und geschwächte Personen unter Umständen gefährlich. Sie wird durch Kratzen und Flöhe übertragen und heilt normalerweise von selbst wieder ab.
- **Pasteurellen**: Diese Bakterieninfektion kann den ganzen Körper befallen und sogar gefährlich werden. Sie wird aber nur durch schwere Bisse übertragen.
- **Salmonellen**: Wenn Katzen sich, zum Beispiel durch den Verzehr von rohem Fleisch, Salmonellen einfangen, können sie damit die Wohnung, vor allem das Katzenklo, verunreinigen.

- **Katzenflöhe**: Sie sind zwar sehr nervig, aber weniger gefährlich. Übertragung ist durch Nähe zu Katzen oder durch Wohntextilien möglich.
- **Milben**: Auch als Räude bekannt. Auch sie sind zwar nervig, aber eher weniger gefährlich. Übertragung ist durch Kontakt und Wohntextilien möglich.
- **Würmer**: Je nach Wurmart kann ein Wurmbefall auch für Menschen gefährlich werden. Die Übertragung erfolgt meist durch Kontakt mit Katzenkot.
- **Katzenpilz**: Auch der Katzenpilz ist nervig, aber harmlos, denn er bleibt an der Hautoberfläche. Übertragen wird er durch direkten Kontakt.
- **Protozoen**: Die sehr simplen, einzelligen Lebewesen können unter bestimmten Bedingungen gefährlich werden, etwa bei einer Toxoplasmose bei Schwangeren oder schwachen Menschen. Die Übertragung der winzigen Urtierchen erfolgt durch Kot.

Zur Vorbeugung sollten Sie vor allem auf die Hygiene achten: Das Katzenklo und seine Umgebung sollten regelmäßig gereinigt werden, nach jedem Kontakt mit der Katze sollten Sie sich die Hände waschen. Außerdem können regelmäßige Wurmkuren sinnvoll sein, besonders bei Freigängerkatzen.

9.9. Tipps für Pandemien und Corona

Sind Katzen anfällig für Corona (Covid-19)?

Wir teilen mit unseren Stubentigern die Wohnung, das Sofa, manchmal sogar das Bett – da stellen sich zahlreiche Dosenöffner natürlich diese Fragen: Kann ich meine Katze mit Corona anstecken, kann sie daran erkranken und kann sie mich anstecken? Während dieses Buch geschrieben wird, ist noch vieles völlig unklar.

Selbst die Übertragungswege von Mensch zu Mensch sind noch nicht abschließend geklärt: Ich hatte keinen Kontakt zu einer infizierten Person, aber bedeutet mein Husten oder Niesen, dass ich mich vielleicht über den Einkaufswagen oder gar über die Luft angesteckt habe?

Zu Hause, ohne die Ablenkung durch den Arbeitsplatz und das öffentliche Leben, können sich die Gedanken da schon mal im Kreis drehen. Leider hat Panik oft ärgerliche Folgen: Es ist zu befürchten, dass zahlreiche Haustiere ausgesetzt werden, weil deren Halter Angst vor einer Ansteckung haben. Das Virus kam ja schließlich mal von einem Tier?

Aber hier gibt es schon den ersten großen Unterschied: Das Coronavirus wurde wahrscheinlich von einem infizierten Tier auf einen Menschen übertragen, als das Tier geschlachtet wurde und der Mensch in Kontakt mit großen Mengen infizierten Gewebes oder Blutes kam. Das ist etwas ganz anderes, als wenn wir eine Katze streicheln.

Tatsächlich gibt es mehrere Fälle, bei denen in Haustieren die neuen Coronaviren nachgewiesen wurden www.k-h24.de/link

Der aktuelle Stand während der Aktualisierung des Buches deutet an, dass sich Haustiere, dabei Katzen häufiger als Hunde, ebenfalls mit dem Coronavirus anstecken können und dass Katzen das Virus möglicherweise auch auf Artgenossen übertragen können. Nach Angaben des Friedrich-Löffler-Instituts gibt es aber bisher keinen Grund, anzunehmen, dass sich Menschen bei Katzen anstecken können: „Haustiere spielen nach dem jetzigen Kenntnisstand epidemologisch keine Rolle bei der Verbreitung von SARS-CoV-2/ Covid-19“ www.k-h24.de/link .

Auch Professor Jonas Schmidt-Chanasit vom Bernhard Nocht-Institut für Tropenmedizin (BNITM) in Hamburg betont: „Im Moment geht man davon aus, dass Haustiere keine Rolle bei der Übertragung und Verbreitung des Coronavirus Sars-CoV 2 spielen.“ www.k-h24.de/link

Es ist allerdings in Deutschland eine Meldepflicht für erkrankte Haustiere, die der WHO, dem FLI und anderen Institutionen helfen soll, die Situation zu beurteilen, geplant.

Dafür werden allerdings nur Katzen getestet, die in einem Haushalt mit positiv getesteten Menschen leben und Erkrankungssymptome zeigen.

Deshalb sollten Sie folgende Tipps im Umgang mit Katzen und anderen Haustieren beachten – vor allem zum Schutz Ihres Stubentigers:

1. Sollten Sie selbst infiziert sein oder Krankheitssymptome zeigen, halten Sie möglichst auch zu Haustieren Abstand und vermeiden Sie nicht notwendigen Kontakt.
2. Waschen Sie sich regelmäßig gründlich, mindestens 30 Sekunden lang, mit Seife die Hände. Vor allem, bevor oder nachdem Sie Ihre Katze streicheln etc.
3. Verwenden Sie auf keinen Fall Desinfektionsmittel an Ihrer Katze, für die Fellpflege etc. – das ist bestenfalls nutzlos, im Grunde aber Tierquälerei.
4. Beachten Sie allgemein die Regeln der guten Hygiene: Es gibt zahlreiche Krankheiten außer Covid-19, die erwiesenermaßen zwischen Katze und Mensch übertragen werden können. Vorsicht kann deshalb nie schaden.

Zudem empfiehlt der Tierschutzverband PETA aktuell, einen Tierfuttervorrat für mindestens zwei Wochen zu Hause zu haben, um bei eventuell möglichen Versorgungsengpässen die Ernährung Ihrer Katze oder Katzen sicherzustellen.

Es gibt zwar keinen Anlass für Hamsterkäufe – aber mit einem vernünftig dimensionierten Vorrat machen Sie es sich auch selbst leichter, für die Katzen zu sorgen, falls Sie in Quarantäne müssen und das Haus nicht mehr verlassen dürfen.

9.10. Wenn Katzen durch Stress krank werden

Katzenkrankheiten durch Operationen

Eine Operation dient in der Regel dazu, eine Verletzung oder Erkrankung zu beseitigen. Gerade unter Narkose ist sie aber ein Eingriff, welcher der Katze viel abverlangt – schlimmstenfalls kann es sogar zu Folgeerkrankungen kommen.

Unmittelbar nach der Narkose kann es für etwa 24 Stunden zu direkten Nachwirkungen kommen, wie etwa Übelkeit, einer gestörten Koordination, Verschlucken und Übergeben beim Fressen oder auch Unfällen beim Klettern. In dieser Zeit sollte die Katze sich in einer sicheren, ruhigen, warmen und sauberen Umgebung befinden. So kann sie sich erholen und die Nachwirkungen der Narkose aussitzen, ohne sich selbst zu gefährden.

Es können aber auch Probleme bei der Wundheilung auftreten: Die Wunde kann sich entzünden oder Nähte können sich lösen. Beachten Sie deshalb unbedingt die Tipps zur Wundpflege, die der Tierarzt Ihnen gibt, genau – so können Sie solchen Problemen wirkungsvoll vorbeugen. Sollte es dennoch Anzeichen für eine Entzündung geben, wie etwa austretenden Eiter oder andere austretende Flüssigkeiten, Fieber oder schlechten Wundgeruch, dann kontaktieren Sie am besten umgehend Ihren Tierarzt.

www.k-h24.de/link

Katzenkrankheiten durch Stress

Stress ist bei Katzen ein besonders häufiger Auslöser für Krankheiten. Dabei beginnen die Symptome meist unauffällig mit kleinen Verhaltensänderungen, die Sie vielleicht gar nicht sofort bemerken – auf Dauer kann Stress aber zu schweren Krankheiten und erheblichen Einbußen in der Lebensqualität Ihrer Katze führen. Deshalb sollten Sie möglichst frühzeitig auf Stress-Symptome reagieren und sich im Zweifelsfall mit einem Tierarzt beraten.

Es ist ein häufiger Auslöser für Stress ist bei Katzen, die als Freigänger aufgewachsen sind, ohne Freigang in der Wohnung zu leben. So können sie ihre Triebe nicht ausleben und neigen schnell zu kleinen Verhaltensänderungen, von Passivität bis Aggressivität, an denen sich der Stress erkennen lässt. Möglich ist auch, dass die Katze plötzlich außerhalb des Katzenklos uriniert. Ein anderes typisches Zeichen, auch für akuten Stress, ist verstärkter Speichelfluss, bis hin zu Schaumbildung. Andere Auslöser für Stress könnten schlechte Haltung oder Wohnbedingungen (wie z.B. Lärm) oder dauerhafte Konflikte mit anderen Katzen im Haushalt sein.

Wenn Stress dauerhaft besteht, führt er kontinuierlich zur Ausschüttung von Stresshormonen, die Veränderungen im Körper verursachen und das Immunsystem schwächen. In einer Studie wurde gezeigt, dass gestresste Katzen ein 5,6-fach höheres Risiko haben, an den oberen Atemwegen zu erkranken. Außerdem kann Stress für Verdauungsstörungen bis hin zu Erbrechen sowie ernsthaften Erkrankungen, wie Magengeschwüren, verantwortlich gemacht werden.

Weitere Krankheiten, die durch Stress ausgelöst werden können, sind:

- Felines Herpesvirus (FHV)
- Feline Idiopathische Cystitis (FIC)
- Atopische Dermatitis
- Psychogene Alopezie
- Acrale Leckdermatitis
- Diabetes
- Magersucht
- Felines Hyperästhesie-Syndrom (FHS)
- Rolling-Skin-Syndrome (RSS)

www.k-h24.de/link

Wenn Sie den Eindruck haben, dass Ihre Katze gestresst ist oder sogar bereits Symptome von stressbedingten Krankheiten zeigt, dann sollten Sie zunächst nach Stressfaktoren im direkten Umfeld der Katze suchen und diese möglichst beseitigen:

Hat die Katze ausreichend ruhige Rückzugsräume?

Wird sie von anderen Katzen gemobbt?

Hat die Katze ausreichend Möglichkeiten zum Spielen, Toben und Kratzen?

Mit genauem Beobachten können Sie häufig schon viel erreichen.

Bei fortgeschrittenem Stress, der bereits zu Krankheitssymptomen geführt hat, sollten Sie zudem die Unterstützung eines Tierarztes oder Tierpsychologen in Anspruch nehmen. Mit einer Verhaltenstherapie kann zusätzlich zur positiven Veränderung des Umfelds das Stressverhalten reduziert werden.

www.k-h24.de/link

Katzenkrankheiten durch einen Umzug

Wer sich einen Umzug in ein neues Haus oder eine neue Wohnung mal aus Katzenperspektive vorstellt, wird schnell einsehen: Das ist unheimlich viel Stress für das Tier. Die Katze verlässt ihr vertrautes Revier, mit all seinen vertrauten Wegen, Verstecken und Gerüchen, und kommt in eine völlig neue und „unmarkierte" Umgebung. Sie verliert also noch mehr als wir das Gefühl von „Zuhause".

Außerdem lauern in der neuen Umgebung neue Gefahrenquellen: Freigängerkatzen müssen sich in völlig neuem Terrain mit Straßen, Hunden und anderen Katzen zurechtfinden. Und in der Wohnung können sie sich an frischer Farbe, die sie sich aus dem Fell lecken, vergiften oder an anderen neuen Dingen zu Schaden kommen. Ganz dramatisch wird es, wenn eine Freigängerkatze in der neuen Wohnung nicht mehr nach draußen darf – dann sind adäquate Ersatzangebote besonders wichtig.

Um Stress und Probleme beim Umzug zu vermeiden, die dauerhaft zu Krankheiten führen können, sollten Sie so behutsam wie möglich vorgehen. Wenn möglich, sollten Sie der Katze bereits vor dem Umzug die Möglichkeit geben, die neue Wohnung Zimmer für Zimmer im eigenen Tempo zu erkunden und sich so etwas sicherer zu fühlen. Außerdem sollten Sie möglichst viele Möbel und natürlich den Katzenkratzbaum, das Katzenklo etc. auch in der neuen Wohnung aufstellen, damit die Katze nicht mit zu vielen neuen Dingen überfordert wird. Den Umzug selbst sollte die Katze möglichst in einem ruhigen, vertrauten Raum verbringen, um nicht zusätzlich von den Möbelpackern gestresst zu werden. Bei allen Maßnahmen sollten Sie der Katze auch immer wieder Ruhepausen gönnen, um zu ihrem Sicherheitsgefühl zurückzufinden und das Erlebte zu verarbeiten.

www.k-h24.de/link

Katzenkrankheiten durch Impfungen

Grundsätzlich sollten nur gesunde und ausreichend kräftige Katzen geimpft werden. Viele Impfungen werden mit lebenden Virenzellen durchgeführt, die bei einer vorliegenden Krankheit oder Schwächung gesundheitlichen Schaden anrichten können.

Auch eine vorher völlig gesunde Katze wirkt nach einer Impfung oft etwas geschwächt oder müde und bekommt vielleicht sogar Fieber. Das ist allerdings nicht unüblich und ist durch die energieraubende Immunreaktion bedingt, die ja für die Immunisierung erwünscht ist. Auch Schwellungen an der Einstichstelle können vorkommen, und auch diese vergehen üblicherweise wieder. Vor den vorgeschriebenen Impfungen wird Ihr Tierarzt aber den Gesundheitszustand der Katze genau überprüfen um festzustellen, ob der Stubentiger gefahrlos geimpft werden kann.

Nicht jede Impfung muss aber sein, denn manchmal überwiegen die gesundheitlichen Nachteile durch mögliche Folgeerkrankungen die Schutzwirkung. Impfungen, von denen aus diesem Grund häufig abgeraten wird, sind die Chlamydien- und die FIP-Impfung.

Zudem sollte beachtet werden, dass jede Impfung auch zu einem Impfsarkom führen kann, das sich wiederum zu einem bösartigen Tumor entwickeln kann. Daher ist jede Impfung auch immer eine Abwägung der Risiken und des möglichen Nutzens.

www.k-h24.de/link

Bonus 1: 9 Tipps für neue Katzenhalter

1. **Bereiten Sie sich gut vor**: Beschaffen Sie das passende Zubehör und suchen Sie schon einmal nach einem Tierarzt in Ihrer Nähe.
2. Nehmen Sie zur **Abholung** der Katze nicht nur die Transportbox mit, sondern **auch etwas Wasser**.
3. Öffnen Sie die Transportbox **erst zu Hause** und lassen Sie der Katze **etwa 24 Stunden in einem ungestörten Raum** mit Katzenklo, Futter und Wasser, um sich an die neue Situation zu gewöhnen.
4. **Lassen Sie der Katze Zeit**, ungestört ihr neues Revier zu erkunden – **egal, in welchem Tempo** sie das machen will.
5. **Markieren Sie „verbotene" Stellen** zuvor mit unangenehmen Gerüchen, wie Zitrone, **und „erlaubte" Stellen**, wie das Katzenbett und den Kratzbaum, mit angenehmen Gerüchen, wie Katzenminze. Das erleichtert der Katze die Orientierung.
6. Füttern Sie einem Katzenbaby zunächst **das Futter, das es zuvor erhalten hat**, um die Umgewöhnung zu erleichtern. Auch spezielle Vitaminpräparate für Katzen können der Samtpfote durch die stressige Umstellungszeit helfen.
7. Ideal sind **drei Näpfe**: für Nassfutter, für Trockenfutter und für Wasser. Anstelle des Wassernapfes sind auch Katzenbrunnen eine gute Idee.
8. Lassen Sie die Katze **nie alleine mit einer Spielzeugangel spielen**, sie kann sich darin verheddern. Auch Plastiktüten sind eine alltägliche Gefahrenquelle.

9. Geraten Sie bei Durchfall nicht in Panik: Es könnte an der **Futterumstellung** liegen. Mit Kotproben von drei Tagen können Sie die Ursache beim Tierarzt feststellen lassen, ohne der Katze den stressigen Transport zuzumuten.

Bonus 2: Katzenhasser und prominente Katzen-Fans

Katzen polarisieren, wie kaum ein Haustier sonst: Einige Menschen misstrauen ihnen und gehen ihnen aus dem Weg, andere haben in Ihrem Haushalt mehr Katzen als Personen und sehen in ihnen liebevolle, charakterstarke Begleiter.

Und die Katze, eigenwillig wie sie ist, fühlt sich oft auch noch ausgerechnet zu jenen hingezogen, die mit ihnen so gar nichts anfangen können.

Zum Abschluss des Buchs werfen wir einen kurzen Blick darauf, was es genau ist, das uns Menschen so sehr unterscheidet – in „Katzentypen“ und „Hundetypen“ oder in **„Katzenfans“ und „Katzenhasser“**, wenn man so will. Denn oft hat es gar nicht so sehr mit der Katze selbst zu tun, sondern welche Reaktionen sie mit ihrem Wesen in uns auslöst.

Katzentyp oder kein Katzentyp?

Die Unterschiede zwischen Hund und Katze sind recht offensichtlich: Ein **Hund ist ein oft sehr geduldiger Begleiter**, der seinem Menschen am liebsten durch die ganze Stadt und auch in den Urlaub folgt. **Katzen haben ihren eigenen Kopf** sowie ihren eigenen Tagesablauf und bleiben am liebsten in ihrem Revier.

Für Menschen haben sie auf den ersten Blick so viel Verwendung, wie unsere Fähigkeiten weit reichen: also vor allem zum Öffnen von Türen und Futterdosen.

Natürlich sind **auch Katzen verschmust** und suchen die Nähe „ihres" Menschen – das ist häufig auch der Hauptgrund für das Anschaffen einer Katze. Dabei sind sie oft **viel reinlicher als Hunde**: Sie haben ihre eigene Toilette und beschäftigen sich mehrere Stunden am Tag damit, ihr Fell zu reinigen und zu pflegen.

So ist es wohl auch kein Zufall, dass **vor allem gut gebildete Menschen** in der Katze das perfekte Haustier sehen: Sie ist zwar fordernd, aber nur dann, wenn sie uns wirklich braucht.

Um den Rest kümmert sie sich schon allein. Und wer mehrere Katzen hat, kann sie auch häufig problemlos den ganzen Tag sich selbst überlassen – bei Hunden wäre da zumindest Gassigehen nötig.

Es gibt übrigens auch Menschen, die Katzen- und Hundetypen sind, und solche, die gar keine Haustiere mögen. Sowie natürlich Allergiker, die da kaum eine Wahl haben.

Ob Sie selbst ein Katzentyp sind, können Sie ganz einfach herausfinden, indem Sie ein wenig Zeit mit den verspielten Stubentigern verbringen!

Promis, die als Katzenfans bekannt sind:

Wie viele Katzen hatte Freddie Mercury?

Der bekennende Katzenfan bot auf seinem Anwesen zahlreichen Katzen, die er häufig von einem Tierschutzverein abnahm, ein Zuhause. Er hatte zu jeder einzelnen seiner zeitweise bis zu zehn Katzen ein sehr persönliches Verhältnis und verarbeitete auch den Tod einer seiner Katzen in einem Song.

Weitere Promis, die auch als Katzenfans bekannt sind, wären:

Nicolas Cage - Gigi Hadid - Penelope Cruz - Michael Showalter - Morgan Freeman - Amanda Seyfried - Kate Beckinsale - Katy Perry - Taylor Swift

Mehr Promis finden Sie unter: www.k-h24.de/link

Katzen Zitate:

Schon die kleinste Katze ist ein Meisterwerk.
© Leonardo da Vinci

Wo immer eine Katze sich niederlässt, wird das Glück sich einfinden.
© Stanlay Spencer

Eine Katze kann das Heimkommen in ein leeres Haus in ein „nach Hause kommen“ verwandeln.
© Pam Brown

Zweierlei eignet sich als Zuflucht vor den Widrigkeiten des Lebens: Musik und Katzen.
© Albert Schweitzer

Eine Katze ist dein Chef, versteht es aber, dir auf liebenswürdige Weise das Gegenteil glaubhaft zu machen.
© Engelbert Schinkel

Wirklich großartig ist, dass es Katzen in allen Varianten gibt. Man findet sie passend zu jeder Art der Persönlichkeit und der Laune. Aber unter dem Pelz lebt unverändert eine der freiesten Seelen der Welt.
© Eric Gurney

Es trägt sehr zum Verständnis von Katzen bei,
wenn man weiß, dass "miau" "ich" bedeutet.
© Christian Mellert

Katzen verstärken unser Leistungspotential
via Steigerung der Lebensfreude ganz real.
© Alfred Selacher

Eine Katze zu haben, bedeutet nicht, sie zu besitzen. Sie bleibt immer sich selbst und ist für uns nur eine liebevolle Leihgabe der Natur.
© Elvira von Ostheim

Respekt vor Katzen ist der Anfang jeglichen Sinnes für Ästhetik.
© Erasmus Darwin

Unter all den Geschöpfen dieser Erde gibt es nur eines, das sich keiner Versklavung unterwerfen lässt. Dieses eine ist die Katze.
© Mark Twain

Ein Haus ohne Katze ist wie ein Aquarium ohne Fisch.
© Jean-Louis Hue

Eine Katze ist Poesie für den Alltag.
© Roswitha Menzel

Ich wünschte, ich könnte so mysteriös schreiben wie es Katzen sind.
© Edgar Ellen Poe

«Meine Katze ist nicht nur eine Katze. Sie ist Familie.»
Unbekannt

Katzen sind Freunde der Gelehrsamkeit.
© Charles Baudelaire

Die Katze hat sich vorgenommen, dem Menschen ein Rätsel zu bleiben.
© Eugen Skasa-Weiss

Schnurren: Der Katzenmotor.
Der Kraftstoff: Liebe.
© Frank Wisniewski

Katzen verzaubern mit Blicken. Wenn mich meine Katze anschaut sehe ich ihre Augensterne leuchten und funkeln. Es hat etwas was mich bewegt und unter Probe stellt. Wer sie kennt liebt sie und achtet sie.
© Anais Haupt

Wenn Gott Mensch werden konnte, kann er auch Katze werden
© Robert Musil

Dort, wo sie nicht zum Mäusefangen gebraucht werden, sind Katzen reine art pour l'art – schön ohne praktischen Sinn – einfach schön!
© Aba Assa

Katzen reisen nicht, sie sind eben keine spazierenden Tiere.
© Henning Mankell

Wenn ich mit meiner Katze spiele, bin ich nie ganz sicher, ob nicht ich ihr Zeitvertreib bin.
© Michel de Montaigne

Die Überlegenheit der Katze über den Hund zeigt sich darin, dass es keine Polizeikatzen Gibt.
© Jean Cocteau

Nachts sind alle Katzen grau.
© Ovid

in der Nacht
macht manche Katze blau
© Anke Maggauer-Kirsche

Im Katzengeschlecht scheint das Ehrgefühl anzufangen.
© Peter Scheitlin

Katzen kümmert Zeit wenig. Sie haben genug davon.
© Bernhardt Bless

Man hat den Eindruck, dass die moderne Physik auf Annahmen beruht, die irgendwie dem Lächeln einer Katze gleichen, die gar nicht da ist.
© Albert Einstein

Katzen erreichen mühelos, was uns Menschen versagt bleibt: durchs Leben zu gehen, ohne Lärm zu machen.
© Ernest Hemingway

»Katzendiplomatie« – schnurren, mit dem Kopf anstupsen und warten, was passiert.
© Bernhardt Bless

Katzen sind die rücksichtsvollsten und aufmerksamsten Gesellschafter die man sich wünschen kann.
© Pablo Picasso

Von Katzen versteht niemand etwas, der nicht selbst eine Katze ist.
© Natsume Sôseki

Gedanken können heilen,
Katzenschnurren auch!
© Alfred Selacher

Wer eine Katze hat, braucht das Alleinsein nicht zu fürchten.
© Daniel Defoe

Frauen sind wie Katzen: Beide kann man nur zwingen, das zu tun, was sie selber mögen.
© Colette

Die Selbstachtung einer Katze ist außerordentlich.
© Christian Morgenstern

Das letzte, was ich einer Katze nachsagen würde, ist Harmlosigkeit!
© Edward Paley

Das Leben und dazu eine Katze, das ergibt eine unglaubliche Summe, ich schwör's euch!
© Rainer Maria Rilke

Gott schuf die Katze, damit der Mensch einen Tiger zum Streicheln hat.
© Victor Hugo

Die Katze ist das einzige vierbeinige Tier, das den Menschen eingeredet hat, er müsse es erhalten, es brauche aber nichts dafür zu tun.
© Kurt Tucholsky

Wenn du ihre Zuneigung verdient hast, wird eine Katze dein Freund sein, aber niemals dein Sklave.
© Théophile Gautier

Auf leisen Pfoten kommen sie wie Boten der Stille, und sacht, ganz sacht, schleichen sie in unser Herz und besetzen es für immer mit aller Macht.
© Eleonore Gualdi

Katzen lieben Menschen viel mehr, als sie zugeben wollen, aber sie besitzen genug Weisheit, es für sich zu behalten.
© Mary Eleanor Wilkins Freeman

Katzen leben so, wie die Hunde philosophieren.
© Billy

Ich kenne keinen Menschen, dem eine schwarze Katze über den Weg lief und der darauf hin Pech hatte. Ich kenne aber einige, denen eine schwarze Katze sehr viel Wohlbehagen gebracht hat.
© Heinz Nitschke

Nach manchem Gespräch mit einem Menschen hat man das Verlangen, eine Katze zu streicheln, einem Affen zuzunicken oder vor einem Elefanten den Hut zu ziehen.
© Maxim Gorki

Hunde kommen, wenn man sie ruft. Katzen nehmen deine Nachricht zur Kenntnis und kommen eventuell später darauf zurück.
© Mary Bly

Was könnte lehrreicher sein als die Selbstachtung einer Katze?
© Peter E. Schumacher

Wenn man sich mit der Katze einlässt, riskiert man lediglich, bereichert zu werden.
© Sidonie Gabriell Colette

Sphinx-
Versonnen nehmen sie die edlen Haltungen der großen Sphinxe
ein, die ausgestreckt in tiefen Einsamkeiten ruhen und zu
entschlummern scheinen in endlosem Traum.
© Charles Baudelaire

Katzen sind geheimnisvoll. In ihnen geht mehr vor, als wir gewahr werden.
© Sir Walter Scott

Ob eine schwarze Katze Unglück bringt oder nicht, hängt davon ab, ob man ein Mensch ist oder eine Maus.
© Max O'Rell

Katzenliebhaber sind in dem Sinne anders, dass sie keine eingerosteten Typen sind. Wie sollten sie auch, mit einer Katze, die ihr Leben bestimmt.
© Dr. Louis J. Camut

Die Katze, die man sich ins Leben holt, nimmt sofort dessen Mittelpunkt ein!
© Aba Assa

«Nicht alle Engel haben Flügel, manche haben Schnurrhaare.»
Unbekannt

Ein Frieden über allen irdischen Würden. Ein unbewegt und still Gemüt.
© William Shakespeare

Das Rätselhafte an der Katze ist, warum sie sich je dazu entschieden hat, ein Haustier zu werden.
© Comton Mac Kenzie

Von einer Katze lernen - heißt siegen lernen - wobei siegen "locker durchkommen" meint - also praktisch: liegen lernen.
© R. Gernhardt

«Der liebste Ton auf der Welt ist das Schnurren einer Katze.»
Unbekannt

Große Miezen und kleine Kätzchen
haben beide ihre Mätzchen,
doch da wir sie unsagbar schätzen,
haben sie im Herz ihr Plätzchen.
© Horst-Joachim Rahn

Ich lege mein Buch "Der Sinn des Zen" nieder und sehe die Katze. Sie lächelt in ihr Fell und glättet es zart mit rosaroter Zunge. "Katze, ich möchte Dir gerne dieses Buch leihen, aber ich glaube, Du hast es schon gelesen."
Sie hebt den Kopf und schaut mich schnurrend an: "Sei doch nicht albern. Ich habe es geschrieben."
© Dilis Laing

Katzen liegen nicht faul rum. Sie verschönern den Raum.
© Deko

Die Katze weiß wohl, wem sie den Bart leckt.
© Johann Wolfgang von Goethe

«Ein Leben ohne Katzen ist wie ein Himmel ohne Sterne.»
Unbekannt

«Zeit, die man mit Katzen verbringt, ist niemals verschwendet.»
© Colette

Was ist eigentlich die Katze?
Eine Korrektur der Schöpfung!
© Victor Hugo

«Wenn du nicht mehr weiter weisst, umarme deine Katze.»
Unbekannt

Eine dösende Katze ist das Abbild perfekter Seligkeit.
© Jules Champfleury

Mein Stubentiger streift morgens ums Bett. "Hunger!"
Ich sehe nur seinen Schwanz. Fehlt noch die Angriffsmelodie.
Aus dem weißen-Hai
© Frank Wisniewski

Eine Katze in Handschuhen fängt keine Mäuse
© Benjamin Franklin

Für eine Katze gibt es keinen triftigen Grund, einem anderen Tier zu gehorchen, auch wenn es auf zwei Beinen steht.
© Sarah Thompson

Die Katze behält ihren freien Willen, auch wenn sie dich liebt, und sie wird nichts für dich tun, was sie für unvernünftig hält.
© Théophile Gautier

Ich sehe immer nur Katzen, die ihren ganz persönlichen Menschen haben. Wo sind denn die Menschen, die eine Katze haben?
© Elvira von Ostheim

Katzen leben nicht mit dir, sie verweilen bei dir!
© Pam Brown

Katzen können mehr als wir: Sie können das Glück formulieren.
© Billy

Ein Hund sitzt neben dir, während du arbeitest. Eine Katze sitzt auf deiner Arbeit.
© Pam Brown

Du musst nur die Laufrichtung ändern, sagte die Katze zur Maus und fraß sie.
© Franz Kafka

Katzen sitzen immer auf der falschen Seite der Tür.
Läßt man sie raus, wollen sie rein.
Läßt man sie rein, wollen sie raus.
Unbekannt

Auch Katzen beherrschen aus Instinkt die Grundregel: Bei Übergewicht stets vorteilhafte Posen einzunehmen
© John Wity

Die Katzen halten keinen für eloquent, der nicht miauen kann.
© Marie von Ebner-Eschenbach

Ich habe nie geheiratet, weil ich drei Haustiere zu Hause habe, die den gleichen Zweck erfüllen wie ein Ehemann. Ich habe einen Hund, der jeden Morgen knurrt, einen Papagei, der den ganzen Nachmittag flucht und eine Katze, die spät in der Nacht nach Hause kommt.
© Marie Corelli

Die Katze ist ein leises Tier, doch welch Getöse in der Liebe!
© Manfred Hinrich

Für blinde Seelen sind Katzen ähnlich. Für Katzenliebhaber ist jede Katze von Anbeginn an absolut einzigartig.
© Jenny de Vries

Die Katze gibt vor, zu schlafen, um desto klarer sehen zu können...
© François-René de Chateaubriand

Manchmal sitzt er zu deinen Füßen und schaut dich an, mit einem Blick so schmeichelnd und zart, das man überrascht ist über die Tiefe seines Ausdrucks. Wer kann nur glauben, daß hinter solchen strahlenden Augen keine Seele wohnt!
© Théophile Gautier

Im alten Ägypten wurden die Katzen für Götter gehalten.
Sie selbst haben dies nie vergessen.
Unbekannt

Einer alten Geschichte zufolge soll er seine Lieblingskatze Muessa stets im weiten Ärmel seines Gewandes bei sich getragen haben. Als er einmal zum Gebet gerufen wurde und Muessas Schlaf nicht stören wollte, schnitt er kurzerhand den Ärmel ab. Er ging dann einfach ärmellos zum Gebet.
© Mohammed

Siehst du die junge Katze dort, die so possierlich nach ihrem Schwanz hascht? Könntest du mit ihren Augen sehen, würdest du um sie herum Hunderte von Gestalten erblicken, die verwickelte Tragödien und Komödien mit langen Gesprächen, vielen Mitwirkenden und zahlreichen überraschenden Schicksalswendungen aufführen.
© Ralph Waldo Emerson

Wenn sich eine Katze wohlfühlt, kann sie ein unbeschreibliches Geräusch in ihrer Kehle rollen lassen. Es ist eines der schönsten Geräusche der Welt und man nennt es Schnurren.
© Elke Heidenreich

Übrigens: Wenn Katzen zu dick werden, sollten sie Mausgleichssport treiben.
Unbekannt

In den meisten Betten haben bis zu sechs Katzen Platz.
OHNE den legitimen Besitzer bis zu zehn.
© Stephen Baker

Wenn mich meine Katze anschaut, sehe ich ihre Augensterne leuchten und funkeln. Es hat etwas, was mich bewegt und unter Probe stellt.
© Anais Haupt

Jemand der nicht bereit ist, seine Katze zu verwöhnen, bekommt niemals die Belohnung, die sie bereit ist, demjenigen zu schenken, der sie verwöhnt.
© Mackenzie

... dann die wunderbare Gabe, durch das einzige Wörtchen »Miau« Freude, Schmerz, Wonne und Entzücken, Angst und Verzweiflung, kurz alle Empfindungen und Leidenschaften auszudrücken. Was ist die Sprache der Menschen gegen dieses einfachste aller einfachen Mittel, sich verständlich zu machen!
© E. T. A. Hoffmann

Die Katze ist die Rose unter den Tieren.
© Claire Beyer

Katzen, diese Wesen, haben die unmenschliche Geduld der Erde; das ist ein Jahr, was für den Menschen nur eine Sekunde.
© Christian Morgenstern

Hunde kommen, wenn sie gerufen werden. Katzen nehmen die Mitteilung zur Kenntnis und kommen gelegentlich darauf zurück.
© Mary Bly

Von allen schönen Anblicken der Natur, deren es gewiss nicht wenige gibt, ist zweifellos derjenige einer Katze, die mit ihren Kätzchen spielt oder sie erzieht, der hübscheste.
© Edith Carrington

Die Katzen sind Katzen, kurz gesagt, und ihre Welt ist die der Katzen, von einem Ende zum andern.
© Rainer Maria Rilke

Rätsel unzähliger Gesichter, vulkanisches Feuer, kühle Ferne und weiche Hügel Unbegreiflichkeit ... Katzen sind aus einer Prise Wüstensand erweckt.
© Sybille Seidel

Oft denk ich, viel mehr Leute sollten Katzen haben. Sie würden von ihnen eine Menge über den Umgang mit Menschen lernen.
© Barbara Rütting

Eine Katze ist nur technisch ein Tier, ansonsten ist sie göttlich.
© Robert Lynd

Was eine Katze nicht weiß, ist nicht der Mühe wert, gewusst zu werden.
© Colette

Eine Katze ist in jeder Pose verkörperte Anmut. Ihr Anblick allein ist Erbauung.
© Max Merten

Eine Katze hört gern, wenn du sie rufst. Sie sitzt in einem Busch nur einen Meter entfernt von einem Schuh- und lauscht.
Unbekannt

Mit eingezogenen Pfoten wacht die Katze einen guten Teil des Tages gelassen vor irgendeinem lächerlichen kleinen Loch, das eventuell der Eingang einer Maus ist.
© Henry David Thoreau

Komm, schöne Katze, auf mein liebend´ Herze, und halte noch zurück der Pfote Krallen; lass tauchend mich in deine Augen fallen, worin sich mischen der Achat und Erze.
© Charles Baudelaire

Auch wenn man sich noch so große Mühe gibt, man schafft es nicht, eine Katze zu taufen.
Unbekannt

Die Katzen sind Wörter mit Pelz. Wie die Wörter, so streifen sie um die Menschen herum, ohne sich je zähmen zu lassen. Wörter ♥und Katzen gehören zur Rasse der Nicht-Greifbaren.
© Erik Orsenna

Das Leben ist nicht in der Katze,
sondern die Katze ist Leben.
© Oswald Spengler

Die Intelligenz der Katze wird gern unterschätzt.
© Louis Wam

Wenn die Katze ein Pferd wäre, könnte man die Bäume raufreiten.
Unbekannt

Ich habe die Philosophen und die Katzen studiert, doch die Weisheit der Katzen ist letztlich um ein weites größer.
© Hippolyte Taine

Was sind wir für Philosophen, wenn wir nichts von Ursprung und Bestimmung der Katzen wissen.
© Henry David Thoreau

Die Sphinx in einer Zimmerecke wacht,
schon länger, als ich denken kann,
die schöne Sphinx und schweigt mich an
im Wechselspiel von Tag und Nacht.
Mein träger Liebling, komm heran,
und leg den Kopf mir in den Schoß,
damit ich dir den Nacken kos'
und deinen Samtleib streicheln kann.
© Oscar Wilde

Hunde brauchen ein Herrchen.
Katzen haben Personal.
Unbekannt

Dein wundervolles weiches Fell,
schwarz und hell,
so seidig, üppig, voller Pracht,
wie Wolkenhimmel in der Nacht,
belohnt die Hand, die dich liebkost,
mit freundlicherem Glück und Trost.
© Algernon Charles Swinburne

Katzen sind die besten Völkerbotschafter: Sie kommen aus allen Ländern der Erde und sprechen doch ein und die selbe Sprache.
© Natunika

Was wohl Katzen hören, wenn Caruso singt?
© Joachim Ringelnatz

Warum können Katzen wunde Seelen heilen? Ganz einfach: Sie haben keinerlei Vorurteile, unterliegen keinem Schönheitsideal. Ihnen ist es gleichgültig, ob wir hübsch oder häßlich, mager oder fett, nach neuestem Trend oder 2nd Hand gekleidet sind. Sie messen uns nicht an beruflichen Erfolgen, kennen keine IQ-Unterschiede, arm oder reich – egal! Ihnen genügen wir genauso, wie wir sind. Das haben sie jedem Menschen voraus.
Unbekannt

Eine schlafende Katze im Zimmer oder im Haus ist ein besserer Genosse als ein nervöser, ruheloser Mensch, der sich nur um der Bewegung willen unaufhörlich bewegen muß.
© Prentice Mulford

Die französische Schriftstellerin Colette war eine große Katzenliebhaberin. Als sie bei einem Besuch in Amerika eine Katze auf der Straße sitzen sah, beugte sie sich hinunter und nachdem die beiden eine Weile gemeinsam geschnurrt hatten, rief Colette ihrem Begleiter zu: "Wenigstens einer, der hier Französisch spricht!"
Unbekannt

Keine Katze, die etwas auf sich hält, möchte als Künstlermodell herhalten.
Unbekannt

Es gibt nichts Weicheres, nichts, was sich feiner, zarter und wertvoller anfühlt als das Fell einer Katze.
© Guy de Maupassant

Ein Kätzchen ist für das Tierreich das,
was eine Knospe für den Garten ist.
© Robert Southey

Wenn Katzen lesen könnten, würden sie bestimmen,
was wir zu glauben haben.
© Ernst R. Hauschka

Katzen kann man nicht dressieren. Sie sind zu dumm.
Katzen kann man nicht dressieren. Sie sind zu schlau.
Alles eine Frage des Standpunktes.
Am oberen Ende der Leine.
Am Dosenöffner.
© Frank Wisniewski

Mein edler Freund, ich bitte sehr:
Komm doch her,
sitz neben mir und schau mich dann
mit deinen lieben Augen an,
mit Augen voller Glanz und Gold;
dein Blick, er ist so treu und hold.
© Algernon Charles Swinburne

Aus Katzensicht gehört von A bis Z alles den Katzen.
Unbekannt

Nachbars Katze ist schwarz, besonders am Tag.
© Manfred Hinrich

Niemand kann eine Katze wirklich verstehen, es sei denn, er verwandle sich in eine!
Unbekannt

Im Prospekt entdeckt: Schlafende Katze aus echtem Kaninchenfell. Wo ist der Unterschied, ob für Schnickschnack ein Kaninchen oder eine Katze das Leben lassen mußte?
© Tina Seidler

Katzen haben gerne offene Türen -
für den Fall, sie entscheiden sich doch anders.
Unbekannt

Wenn ich dich geruhsam streichle, am Kopf und auf dem schlanken Rücken, so bebt die Hand mir vor Entzücken, auf daß ich dich noch mehr umschmeichle.
© Charles Baudelaire

Eine Katze träumt nicht. Und wenn, dann stellt sie sich eine fette Maus vor.
© Joachim Panten

Katzen wurden erschaffen, um die Annahme ad absurdum zu führen, daß alles und jede nur dazu da ist, den Männern untertan zu sein.
Unbekannt

Ich liebe die Katzen, weil ich mein Heim genieße und sie nach einer Weile dessen sichtbare Seele werden.
© Jean Cocteau

Komm, schöne Katze, an mein Herz,
doch ziehe ein die scharfen Klauen;
laß mich in deine Augen schauen,
in Augen aus Achat und Erz.
© Charles Baudelaire

Die Menschheit läßt sich grob in zwei Gruppen einteilen: in Katzenliebhaber und in vom Leben Benachteiligte.
© Francesco Petrarca

Wenn ich mit meiner Katze spiele, wer weiß, ob sie sich nicht mit mir mehr amüsiert, als ich mich mit ihr?
© Michel de Montaigne

Jeder Katzenhasser wird als Maus wiedergeboren.
Unbekannt

Man muss Katzen nicht beibringen, wie man es sich gemütlich macht, in dieser Hinsicht sind sie von unerschöpflichem Erfindergeist.
© James Mason

Es gibt Menschen, die verändern die Welt kraft ihrer Argumente; eine Katze liegt nur schläfrig herum, und ganz langsam verändert sich die Welt von alleine zu einer Welt voller Gemütlichkeit und Zufriedenheit.
Unbekannt

Hat man eine Katze geschimpft und schaut man sie dann an, so wird man von dem häßlichen Argwohn befallen, sie könnte vielleicht jedes einzelne Wort verstanden haben. Jedenfalls macht sie ein Gesicht, als hätte sie alles genauestens notiert - um darauf zurückzukommen!!
© Charlotte Gray

Als der Prophet eines Tages zu seinem Haus ging sah er daß eine Katze mit ihren Jungen in dem Mantel schlief, den er gerade anziehen wollte. Da er die Katzen nicht stören wollte schnitt Mohammed denjenigen Teil des Mantels ab, in dem sie schlummerten und wickelte nur den Rest des Mantels um seine Schultern.
© Mohammed

Jeder, der eine Weile mit Katzen zusammengelebt hat, weiß, dass sie unendlich viel Geduld mit den Grenzen des menschlichen Verstandes haben.
© Cleveland Amory

Graue Mäuse legen Wert darauf, von besonders schön gemusterten Katzen gejagt und gefressen zu werden.
© Martin Gerhard Reisenberg

Sie ist der Hausgeist hier; sie richtet, herrscht, begeistert alle Dinge in ihrem Reich; vielleicht ist sie eine Fee, ist sie ein Gott.
© Charles Baudelaire

Wenn ein Fisch die Bewegung des Wassers verkörpert, ihr Form verleiht, dann ist die Katze Diagramm und Muster der so viel feineren Luft.
© Doris Lessing

Über Strategie weiß die Katze mehr als jeder andere Feldherr.
© Brigitte Fuchs

Müsste ein italienischer Designer ein Tier erfinden, käme bestimmt eine Katze dabei heraus. Sie ist windschnittig und einfach das schönste Tier auf der Welt.
© Akif Pirinçci

Meine Katzen haben regelmäßig alle Auseinandersetzungen darüber, wo man Krallen wetzen darf oder nicht, für sich entschieden.
© Henning Mankell

Für Katzenliebhaber ist jede Katze von Anbeginn an einzigartig.
© Jenny de Vries

Wir sollten von den Katzen lernen. Sie denken nicht daran, sich kaputtzumachen, nur um mehr zu gelten. Wie einst die Mönche bringen sie dreiviertel ihres Lebens mit Schlafen und Meditieren zu. Die übrige Zeit verteilt sich auf Nahrungsaufnahme, Jagd und Paarung, unterbrochen von kurzen Perioden zärtlicher Hingabe an die, die sich um sie kümmern. Der Mensch hält sich für klug, aber Katzen sind unendlich viel klüger - und sie wissen das.
Unbekannt

Katzen haben die seltene Gabe, ihre Pfotenabdrücke auch in unseren Herzen zu hinterlassen.
© Elvira von Ostheim.

Katzen-Sprichworte:

Neun Leben hat die Katze.
Deutsches Sprichwort

Schlafende Katzen soll man nicht stören.
Französisches Sprichwort

Die Katze lauert stumm und still, wenn sie Mäuse fangen will.
Sorbisches Sprichwort

Eine Katze, die einen Kanarienvogel gefressen hat, kann deshalb noch nicht singen.
Deutsches Sprichwort

Hätten die Katzen Flügel, wären die Spatzen seltene Vögel.
Sorbisches Sprichwort

Erst schmeicheln, dann kratzen, das schickt sich für Katzen.
Deutsches Sprichwort

Wer mit Katzen spielt, darf Kratzer nicht scheuen.
Ägyptisches Sprichwort

Wer die Katze ins Wasser trägt, der trägt sein Glück aus dem Haus.
Deutsches Sprichwort

Statt die Katze zu verjagen, stell den Teller weg.
Japanisches Sprichwort

Wenn auch die Katze die Mäuse für sich fängt, so glaubt der Herr doch, daß er ein ihm treu ergebenes Tierchen in ihm hat.
Armenisches Sprichwort

Willst du dir ein Haustier zulegen, so bedenke: Für einen Hund bist du Familienmitglied, eine Katze betrachtet dich als Personal.
Sprichwort aus den USA

Die Katze jagt die Mäuse nicht um Gottes Willen.
Persisches Sprichwort

Wenn sich die Katzen putzen, gibt es gutes Wetter.
Deutsches Sprichwort

Die Katzen fallen immer auf ihre Pfoten.
Französisches Sprichwort

Glücklicher Besitzer, glückliche Katze.
Gleichgültiger Besitzer, einsame Katze.
Chinesisches Sprichwort

Einer falschen Katze tut das Buckeln nicht weh.
Deutsches Sprichwort

Der Hund mag wundervolle Prosa sein, aber nur die Katze ist Poesie.
Französisches Sprichwort

Eine lahme Katze ist mehr wert als ein schnelles Pferd, wenn der Palast voller Mäuse ist.
Chinesisches Sprichwort

Wenn die Katz a Henn war', leget' sie Eier.
Tiroler Sprichwort

Katzen, die nicht stehlen, mausen auch nicht.
Sprichwort aus Nordrhein-Westfalen

Die Katze ist am liebsten da, wo man sie streichelt.
Deutsches Sprichwort

Eine Katze lernt nicht eher mausen, als bis sie Junge hat.
– d.h. als Mutter lernt man, den Lebensunterhalt zu verdienen.
Sprichwort aus Köln

Die Augen einer Katze sind Fenster, die uns in eine andere Welt blicken lassen.
Sprichwort aus Irland

Der Katzen Scherz ist der Mäuse Tod.
Deutsches Sprichwort

Ein Hund wird sich an drei Tage Freundlichkeit drei Jahre lang erinnern, eine Katze wird drei Jahre Freundlichkeit nach drei Tagen vergessen.
Japanisches Sprichwort.

Schweigende Katzen holen gerne das Fleisch aus den Töpfen.
Sprichwort aus Schlesien

Ich gab einer Katze einen Befehl, und die Katze gab ihn ihrem Schwanz weiter.
Chinesisches Sprichwort

Nimm deine Augen in die Hand und deine Katze aufs Knie.
Was du nicht siehst, sieht sie.
Deutsches Sprichwort

Wenn Katze und Maus sich einigen,
hat der Bauer keine Chance.
Deutsches Sprichwort

Wer einen Hund besitzt, der ihn anhimmelt, sollte auch einen Kater haben, der ihn ignoriert.
Alte Weisheit

Wer Katzen nicht mag, bekommt keine schöne Frau.
Chinesisches Sprichwort

Mehr Zitate und Sprichwörter über Katzen finden Sie unter:

www.k-h24.de/link

Wie viel hat Karl Lagerfeld seiner Katze hinterlassen?

Der kürzlich verstorbene Designer ist auch als Katzenfan bekannt und in vielen Fotos mit seiner **Katze Choupette** abgelichtet.

Er bezeichnete sie selbst als "reiches Mädchen" mit eigenem Vermögen und hat für ihre Zukunft ausreichend gesorgt: Britischen Boulevardmedien zufolge besitzt sie immerhin etwa **170 Millionen Euro.** Hinzu kommen hohe Einkünfte aus einem Buch und Werbeverträgen, die vollständig im Besitz der weißen Birmakatze sind. Mit mehr als 100.000 Anhängern bei Instagram. Dadurch, das Karl Lagerfeld im vorweg alles richtig geregelt hat, dürften diese Einkünfte stetig weiter fließen. Wie hat Karl Lagerfeld das geregelt? Mehr dazu finden sie gleich…

Bonus 3: WICHTIGE Informationen und Checklisten:

www.k-h24.de/link

10.1. Was passiert mit Ihrem Tier, wenn Ihnen etwas passiert?

Sie einen Unfall haben?
Sie längere Zeit ins Krankenhaus müssen?
Sie sich nicht mehr so gut um Ihr Tier kümmern können?
Sie nicht mehr da sind?
Wer kümmert sich kurz- oder langfristig um Ihren Liebling?

Wichtig: *Die Angaben in diesem Buch ersetzen keine Prüfung durch einen Anwalt oder Notar.*

Sie sollten **immer einen Zettel bei sich tragen**, der gefunden wird, falls Sie einen Unfall haben, unten finden Sie eine Vorlage. Außerdem sollten Sie eine **Vorsorgevollmacht ausfüllen**.

Diese Vollmacht sollten Sie immer **ausgefüllt** an einem **zugänglichen Ort** zu **Hause** haben.

Übergeben Sie der **bevollmächtigten Person** eine **Kopie** der Vollmacht.

Bewahren Sie alle **wichtigen Unterlagen** für Ihr Tier **bei** der **Vorsorgevollmacht** auf.

Wichtig sind auch **Anweisungen** über **Futter**, eventuelle **Medikamente**, **Vorlieben** sowie **Abneigungen**, **dieses Buch** dazu zu legen kann auch nicht schaden.

Informieren Sie den **Bevollmächtigten über** den **Aufbewahrungsort der Unterlagen**.

Unten finden sie eine Vorsorgevollmacht.

Tiere werden immer wieder in Testamenten als Erbe eingesetzt.

Solche Erbeinsetzungen sind leider nicht zulässig, denn

10.2. Tiere können nicht erben.

Hier finden Sie unterschiedliche **Gestaltungsoptionen**, damit Ihr **Liebling** später tatsächlich angemessen **versorgt wird**.

Gestaltungsoption 1:

Bestimmen Sie eine Person Ihres Vertrauens zum Erben und benennen Sie diese Person im Testament. Dann geht auch das Tier im Erbfall in den Besitz und die Obhut des Erben über.

Im Testament ist die Auflage, das die bedachte Person verpflichtet ist, das wesensmäßig (Hund, Katze, etc.) und namentlich bestimmte Tier bis zu dessen Ableben zu pflegen und zu versorgen.

In den Auflagen sollten die genaue Pflege, Versorgung und Tierarzt des Tieres benannt werden.

Die Auflagen, sollte vor der Beglaubigung vor dem Notar natürlich besprochen werden, ob der Erbe dazu bereit und in der Lage ist.

Zusätzlich sollte ein namentlich benannter Testamentsvollstrecker im Testament bestimmt werden.

Der die Aufgabe hat, regelmäßig zu kontrollieren, ob und inwieweit der bedachte Erbe die Auflage (Pflege und Versorgung des Tieres) tatsächlich erfüllt.

Als Testamentsvollstrecker kommen Verwandte, Freunde, Nachbarn, Anwälte oder ein Tierschutzverein in Betracht, die in der Nähe des Tieres leben. Missachtet der Erbe die Auflage oder kümmert sich nicht um das Tier, kann der Testamentsvollstrecker den Erben auf Einhaltung der Auflage vor Gericht verklagen.

Sie sollten im Testament auch eine Strafklausel einfügen, zum Beispiel, dass der Erbe 1000 Euro bezahlen muss oder im schlimmsten Fall vollständig das Erbe verliert, wenn er die Auflagen nicht erfüllt.

Alle Aufgaben sollten ganz konkret angeordnet werden. Damit die Pflege und Versorgung Ihres Tieres auch Ihren Vorgaben entsprechend umgesetzt werden kann.

Beispielsweise können Sie vorgeben, dass die Katze zweimal täglich mit einem bestimmten Nassfutter gefüttert werden muss und eine Auswahl von Trockenfutter immer aufgefüllt sein sollte, regelmäßig bei einem bestimmten Tierarzt Untersuchungen gemacht werden müssen oder die Katze ausschließlich innerhalb der Wohnung gehalten werden muss.

Um sicherzugehen, dass das Tier nicht frühzeitig einschläfert wird, sollten Sie einen bestimmten Tierarzt benennen und ihm die Entscheidung übertragen, wann das Tier aus gesundheitlichen Gründen eingeschläfert werden darf, aber auch erst nach Bestätigung des Testamentsvollstreckers.

Gestaltungsoption 2: Einsetzen von Erbe und Pfleger

Sie können auch einen Erben einsetzen und für das Tier einen zusätzlichen Pfleger, der vom Erbe vergütet werden muss. Der Pfleger, zum Beispiel ein Verwandter oder ein Tierschutzverein, der natürlich eine Person des Vertrauens sein sollte und möglichst eine persönliche Beziehung zu dem Tier haben sollte, erhält von dem Erben für die vorgegebene Pflege und Versorgung des Tieres eine monatliche, im Testament möglichst konkret bezeichnete Vergütung.

Gestaltungsoption 3: Stiftung

Wenn Sie ein großes Vermögen (mindestens 100.000 €) haben, kommt auch eine Stiftung in Betracht. Aus den Erträgen Ihres Vermögens werden die Unterhaltskosten des Tieres bezahlt, die Substanz des Vermögens darf nicht angegriffen werden. Da eine Stiftung auf ewig angelegt ist, müssen Sie auch bestimmen, was mit dem Vermögen nach dem Ableben des Tieres geschehen soll. Dazu können Sie jeden sinnvollen Zweck für maßgeblich erklären. Zum Beispiel den Tierschutzverein der sich um das Tier gekümmert hat, weiter zu unterstützen.

10.3. Für Katzen gefährlich:

- □ **Offene Fenster**
- □ **Gekippte Fenster**
- □ **Ungesicherter** Balkon oder Terrasse
- □ Offene heisse **Herdplatten**
- □ Herumstehende **Glasbehälter** können umfallen und splittern.
- □ Würmer, Flöhe und **Parasiten**
- □ **Stress**
- □ **Zugluft**.
- □ **Offenstehende Toiletten**.
- □ **Giftliste:** Agaven, Azaleen, Christusdorn, Chrysanthemen, Edelweiß, Efeu, Eisenhut, Ficus Benjamini, Engelstrompeten, Hortensien, Hyazinthen, Krokusse, Kakteen, Lilien/Taglilien, Lorbeeren, Maiglöckchen, Magnolien, Misteln, Narzissen, Tomatenpflanzen, Orchideen, Osterglocken, Passionsblumen, Palmkätzchen, Primeln, Ranunkeln, Stechpalmen, Tulpen, Weihnachtssterne, Yucca, Tabak, Aspirin, Schokolade, Zwiebeln, Knoblauch, Weintrauben, Steinobst, Avocados, rohes Schweinefleisch, Teebaumöl, Silikat- oder mineralbasiertes Katzenstreu, Ethylenglykol ist als Frostschutzmittel bekannt, aber auch in Lösungsmitteln, Lacken, Klebstoffen, Reinigungsmitteln, Kühlkompressen und Kühlakkus enthalten.

10.4. Unbeliebt bei Katzen:

- 1. **Gerüche:** Zitrone, Essig, Zwiebeln, Lavendel und Eukalyptus
- 2. **Materialien:** Alufolie
- 3. **Unhygienisch**:
- wenn das Katzenklo stinkt.
- Abgestandenes Wasser.
- Wasser direkt neben dem Futter finden Katzen unappetitlich
- 4. **Formen von Zuwendung, die Katzen nicht mögen**:
- beim Schlafen zu stören.
- Zu starkes Streicheln
- Schnurrhaare anfassen,
- Schwanz anfassen,
- gegen den Strich streicheln
- Auch Aufdringlichkeit mögen Katzen nicht. Sie brauchen manchmal einfach ihre Ruhe.
- 5. **Was sonst noch:**
- Katzen mögen keinen Lärm.
- Katzen fahren nicht gerne Auto.
- Nasses Fell oder gar ins Wasser fallen nervt die meisten Katzen ganz besonders
- Liegeplätze und Schlafstätten für Ihre Katze nicht direkt neben WLAN-Geräte oder DECT-Telefone und -Basisstationen aufstellen.
- Wenn Sie in der Nähe von Mobilfunkantennen wohnen, können Sie mit Abschirmung strahlungsarme Ruheräume für Ihre Katze schaffen.

10.5. Einkaufsliste für neue Katzenbesitzer:

- □ Geeignetes **Katzenklo**
- □ Geeignetes **Katzenstreu**
- □ Breiter, flacher **Futternapf**
- □ Geeignetes **Futter**- Katzen sind reine Fleischfresser.
- □ **Wassernapf** oder Katzen-Wasserbrunnen
- □ Stabiler Kletter- und **Kratzbaum**
- □ Ruhiger, gemütlicher **Schlafplatz** (z.B. Katzenbett)
- □ Ausreichend große **Transportbox** oder Transporttasche

- □ Die Wohnung muss **ausreichend groß** sein, viele **Spielmöglichkeiten** bieten und natürlich **sicher** genug sein, dass die Katze auch ohne Aufsicht toben kann.
- □ Ungestörte, gemütliche **Ruhezonen** für ca. 16 Stunden Schlaf am Tag
- □ Interessante **Ausgucke**, zum Beispiel am Fenster, von denen aus die Katze beobachten kann
- □ geeignete **Kratz-** und **Klettergelegenheiten**
- □ **Freiflächen** zum Sprinten und Rennen
- □ **Wandregale** zum Pirschen oder Ausweichen
- □ Eine **OP-Versicherung** deckt eventuelle Operationskosten und Klinikkosten für stationäre Eingriffe.
- □ Eine **Katzen-Krankenversicherung** deckt Behandlungen beim Tierarzt, notwendige Medikamente und teilweise auch bestimmte Vorsorgeuntersuchungen.
- □ Eine **Haftpflichtversicherung** deckt Schäden, die die Katze verursacht. Sie greift zum Beispiel, wenn die Katze Kleidung von Besuchern beschädigt oder ähnliches.

- Sie können die Katzen-Haftpflichtversicherung aber nicht nutzen, wenn der Stubentiger in Ihrem Haushalt eine Vase zerbricht – sie deckt nur Fremdschäden.
- Bekannte Anbieter von Katzenversicherungen sind zum Beispiel Agila, Allianz, Axa und Uelzener. Auf www.k-h24.de/link können Sie verschiedene Versicherungsanbieter vergleichen.

10.6. Anhänge zum kopieren oder ausschneiden:

10.7. Katze vergiftet, was tun?

Schreiben Sie sich jetzt gleich die **wichtigen Notfall-Telefonnummern** hier auf und speichern Sie sie in Ihr Smartphone, damit Sie auch nachts und am Wochenende schnell Hilfe bekommen.

Tierarzt:

Name:

Adresse:

Telefonnummer:

24 Stunden Tierarzt in der Nähe:

Name:

Adresse:

Telefonnummer:

Nothilfe:

Name:

Adresse:

Telefonnummer:

Typischen Symptomen:

☐ Erbrechen
☐ Durchfall
☐ vermehrten Speichelfluss
☐ Krämpfe
☐ zittert
☐ benommen wirkt
☐ hustet
☐ nicht richtig sehen
☐ veränderte Pupillen

□ anders atmet
□ blau angelaufene Schleimhäute

□ Waschen Sie eventuelle giftige Fellverschmutzungen sofort aus dem Fell.

□ **Umgehend auf den Weg zum Tierarzt machen** und wenn möglich, die

□ **giftige Substanz mitbringen**, damit der Arzt weiß, was zu tun ist.

□ **Geben Sie auf keinen Fall selbst irgendetwas.**

Typische Quellen für Vergiftungen: Pflanzen, Lebensmitteln, und Giftstoffe, die die Katze sich aus dem Fell leckt, Giftköder, giftige Haushaltsreiniger, umherliegende Medikamente und Drogen und vieles mehr.

Diese Substanzen sind unter anderem **für Katzen giftig**: Agaven, Azaleen, Christusdorn, Chrysanthemen, Edelweiß, Efeu, Eisenhut, Ficus Benjamini, Engelstrompeten, Hortensien, Hyazinthen, Krokusse, Kakteen, Lilien/Taglilien, Lorbeeren, Maiglöckchen, Magnolien, Misteln, Narzissen, Tomatenpflanzen, Orchideen, Osterglocken, Passionsblumen, Palmkätzchen, Primeln, Ranunkeln, Stechpalmen, Tulpen, Weihnachtssterne, Yucca, Tabak, Aspirin, Schokolade**,** Zwiebeln, Knoblauch, Weintrauben, Steinobst, Avocados, rohes Schweinefleisch, Teebaumöl, Silikat- oder mineralbasiertes Katzenstreu, Ethylenglykol ist als Frostschutzmittel bekannt, aber auch in Lösungsmitteln, Lacken, Klebstoffen, Reinigungsmitteln, Kühlkompressen und Kühlakkus enthalten.

WICHTIG WICHTIG

Tierbesitzer Tierbesitzer

Vom Tierschutzverein HILF24.de empfohlen

Ich bin Besitzer eines Haustieres,
wenn Sie diese Nachricht lesen,
bin ich zur Zeit nicht in der Lage,
mich um mein Haustier zu kümmern.

Bitte benachrichtigen Sie die nachfolgende Kontaktperson, damit sie sich um mein Haustier kümmern kann, bis ich das wieder selbst übernehmen kann:

Name:
Telefonnummer:

Ich habe folgende Haustier(e)
Namen:
Tierart:

PS: Falls Sie die Kontaktperson nicht antreffen,
helfen Sie bitte meinem Tier persönlich:

Mein Name ist:

Wohnhaft in:

Nächste Polizeistation:

Unterschrift

Danke!

Bitte nach außen knicken, so das man „wichtig" immer sehen kann.

Am besten immer in Ihrer Geldbörse, Handytasche oder ähnlichem aufbewahren, so dass man ihn gleich findet.

Einfach kopieren und ausfüllen oder die Vorlage auf unserer Webseite ausdrucken, unter: www.hilf24.de/pdf

WICHTIG WICHTIG

Tierbesitzer Tierbesitzer

Vom Tierschutzverein HILF24.de empfohlen

Ich bin Besitzer eines Haustieres,
wenn Sie diese Nachricht lesen,
bin ich zur Zeit nicht in der Lage,
mich um mein Haustier zu kümmern.

Siehe Rückseite —>

Vorsorgevollmacht für mein Tier

Vom Tierschutzverein HILF24.de empfohlen

Vor- und Nachname des Tierhalters:

Geboren am:

Anschrift:

Telefonnummer:

Sollte ich aus gesundheitlichen Gründen oder im Sterbefall nicht mehr in der Lage sein, mich um mein Haustier zu kümmern, bevollmächtige ich folgende Person, mich in allen Angelegenheiten oder Anliegen der Versorgung, Unterbringung und Pflege meines Tieres zu vertreten:

Vor- und Nachname der bevollmächtigten Person:

Geboren am:

Anschrift:

Telefonnummer:

Auf den nachfolgenden Seiten sind alle relevanten Informationen, meine Wünsche und Vorstellungen zur Betreuung und Pflege meines Tieres aufgezeigt.

Angaben zu meinem Tier

Name:

Geboren am:

Tierart:

Tierrasse:

Geschlecht:

Chip-Nummer:

Tätowier-Nummer:

Mein Tier ist registriert bei (z.B. Tasso, Deutsches Haustierregister, etc.) unter:

Behandelnder Tierarzt

Name:

Anschrift:

Telefonnummer:

□ Sollte mein Tier unheilbar krank sein, darf es nicht unnötig leiden und soll nach Rücksprache mit dem Tierarzt eingeschläfert werden.

Im Falle des Todes meines Tieres soll es auf dem Tierfriedhof beerdigt werden.

☐ Es wurde ein Vorsorgevertrag abgeschlossen.

Vertragsnummer:

Tierfriedhof:

Name:

Anschrift:

Telefonnummer:

☐ Es besteht eine Tierhalterhaftpflichtversicherung

Vertragsnummer:

Versicherungsgesellschaft:

Ansprechpartner:

Telefonnummer:

☐ Es besteht eine Tierkrankenversicherung

Vertragsnummer:

Versicherungsgesellschaft:

Ansprechpartner:

Telefonnummer:

Zutreffendes bitte ankreuzen:

☐ Mein Tier ist Freigänger (Katze)

☐ Mein Tier mag Kinder

☐ Mein Tier mag alte Menschen

☐ Mein Tier fährt gerne im Auto mit

☐ Mein Tier kann stundenweise alleine bleiben. Maximale Stundenzahl:

Besondere Verhaltensweisen meines Tieres:

(z.B. Angst vor Feuerwerk oder vor dem Tierarzt, Jagdverhalten, Unverträglichkeit mit anderen Hunden etc.)

Ernährungsgewohnheiten meines Tieres:

Futtersorte:

Menge pro Tag:

Unverträglichkeiten:

Beim Umgang mit meinem Tier sollte Folgendes beachtet werden:

Zutreffendes bitte ankreuzen:

□ Meine Tiere sollen zusammen bleiben

□ Ich möchte meine Tiere mit ins Alten- oder Pflegeheim nehmen (falls möglich)

□ Ich möchte regelmäßig Besuch von meinen Tieren erhalten

□ Sollte der Bevollmächtigte meine Tiere aus gesundheitlichen oder persönlichen Gründen nicht aufnehmen können oder wieder abgeben müssen, soll folgende Tierschutzorganisation informiert werden.

Name:

Adresse:

Ansprechpartner:

Telefonnummer:

Informationen zu wichtigen Unterlagen:

Hier befindet sich (genauer Aufbewahrungsort)

... der Impfausweis:

... die Versicherungsunterlagen:

... die Original Vorsorgevollmacht des Vollmachtgebers:

... die Vorsorgevollmacht für den Tierfriedhof:

Sonstiges:

Ort / Datum:

Unterschrift des Vollmachtgebers (Tierbesitzer)

Ort / Datum:

Unterschrift des Vollmachtnehmers

Einfach kopieren und ausfüllen oder die Vorlage auf unserer Webseite ausdrucken, unter: www.hilf24.de/pdf

Schlusswort

Ich hoffe, wir konnten Ihnen nützliches Wissen an die Hand geben, damit Sie und Ihr Stubentiger sich noch besser verstehen und verständigen können. Außerdem hoffen wir, dass die Optimierung Ihrer Gegebenheiten Ihren Vierbeiner auch Freude bringen wird.
Und Ihnen die Genugtuung, alles gemacht zu haben, das sich Ihr kleiner Liebling auch richtig wohlfühlen kann.

Wie Sie mit dem Wissen aus diesem Buch umgehen liegt natürlich ganz bei Ihnen. Nach unserer jahrelangen Erfahrung, sind die angegebenen Tipps sehr effektiv und einfach umzusetzen.

Bitte füllen Sie noch die WICHTIGEN Texte in diesem Buch aus, leider wird die Wichtigkeit meistens erst erkannt, wenn es zu spät ist. Die Leidtragenden wären dann Ihre Tiere!!!

Wir möchten Sie bitten und ermutigen, diese Informationen gleich an Freunde und Bekannte weiterzugeben, die auch Tiere haben. Damit diese Tiere auch abgesichert werden.

Leider mussten wir schon öfter machtlos zusehen, wie überforderte Freunde und Verwandte Tiere einfach ausgesetzt oder eingeschläfert haben.
Möchten Sie nicht auch, dass Ihre Lieblinge immer angemessen versorgt werden?
Sind Sie bereit, den rechtlichen Vorgaben entsprechende Vereinbarungen nach Ihren konkreten Vorstellungen für eine abgesicherte Zukunft Ihres Lieblings zu erstellen?
Dann bekommen Tierschützer auch die Mittel, Ihre Tiere sogar vor staatlichen Übergriffen zu beschützen!
Stellen Sie sich vor, was alles passieren kann, wenn Sie das nicht im Voraus regeln.
Der eingetragene Tierschutzverein APAFFI hat schon hunderten von Tieren sowie Ihren Frauchen und Herrchen ein glückliches Leben bescheren können. Für rechtliche Fragen kennen wir spezialisierte Anwälte.

PS: Am besten füllen Sie den Zettel und die Vorsorgevollmacht jetzt gleich noch aus. Hier nochmal der Link: www.hilf24.de/pdf

Quellenangaben und Informationen

*Da die Aktualisierung von Links in Büchern naturgemäß problematisch ist, haben wir die Links für Informationen und Quellenhinweise auf unserer Webseite eingestellt, siehe: www.k-h24.de/link

Impressum

KompaktBuch ©
E. Clean
Apartado Correos 115
E-38370 La Matanza de Acentejo
S.C. Tenerife
España
E-Mail: katzenbuch@hilf24.de

KompaktBuch © einfach, verständlich und mit weiterführenden Links... **Alle Gewinne gehen an den Tierschutzverein APAFFI -** www.Katzen-Hilfe24.de

Spendenkonto:
Name: APAFFI
Bank: La Caixa
IBAN: ES3121006971580200045777
Bic/SWIFT: CAIXESBBXXX
Verwendungszweck: K-H24

Zum Autor:

E. Clean geboren 1970 in Hamburg, war erfolgreicher Sportler mit Trainer-Tätigkeit bis 1991. Aus gesundheitlichen Gründen und nach einer erfüllenden beruflichen Karriere, zuletzt als Aufsichtsrats-Vorsitzender einer deutschen Aktiengesellschaft, nutzte er 2005 den wirtschaftlichen Erfolg um sich auf der kanarischen Insel Teneriffa niederzulassen. Von dort aus veröffentlichte er seine ersten Bücher, zuerst online und danach einige auch als Taschenbücher. 2019 wurde sein zweites Buch ein Amazon Bestseller. Er ist seit 2008 aktiv im Tierschutz tätig und Mitbegründer des Tierschutzvereines APAFFI: www.katzen-hilfe24.de

PS:

Wenn Sie Freunde haben, denen Sie einen kostenlosen Überblick mit den wichtigsten Dateien zum Thema geben wollen, können Sie Ihnen diesen Link zukommen lassen: www.hilf24.de/pdf

PPS:

Wenn Sie die Tipps und Infos in diesem Buch hilfreich fanden, würde ich mich natürlich über eine gute Rezension auf Amazon sehr freuen: www.Amazon.de/ryp

Helfen Sie bitte anderen potenziellen Lesern, durch Ihr ehrliches positives Feedback auf Amazon, sich besser entscheiden zu können.

Danke für Ihren Kauf !

Printed in Poland
by Amazon Fulfillment
Poland Sp. z o.o., Wrocław

62164745R00080